Diogenes Taschenbuch 24741

W0058916

I love my bike

Geschichten vom Fahrradfahren

Mit exklusiven Geschichten von
Lena Gorelik und Teresa Präauer

Ausgewählt von
Marion Hertle

Diogenes

Originalausgabe
Alle Rechte an dieser Ausgabe vorbehalten
Copyright © 2024
Diogenes Verlag AG Zürich
www.diogenes.ch
30/24/36/3
ISBN 978 3 257 24741 1

Inhalt

TERESA PRÄAUER
Der lange Fahrradausflug meines Vaters

Mein Vater hat mir oft von seiner Kindheit und Jugend erzählt. Ich habe immer gern zugehört und nachgefragt, das halte ich bei meinen Gesprächspartnern noch heute so. Meinen Vater aber kann ich nicht mehr befragen. Alles, was ich über ihn weiß, hole ich aus meiner Erinnerung. Ich kann nicht überprüfen, was mir verkehrt vorkommt, und nicht ergänzen, was mir fehlt. Außer ich erfinde manchmal, was fehlt, im Nachhinein selbst. Das ist einerseits unbefriedigend und ein wenig traurig, andererseits ist mein Vater in meinen Gedanken doch noch sehr gegenwärtig. Wenn er mich in meinen Träumen besuchen kommt, freue ich mich jedes Mal. Ich bin dankbar für die Illusionen, die die Träume hochhalten. Er ist dann, wie er auch meist im Leben war: freundlich, ein bisschen verschmitzt, manchmal auch einfach still.

Weil mein Vater mir nichts mehr erzählen kann, schreibe ich einzelne Episoden seines Lebens weiter. Ich baue die Geschichten so, wie sie mir passen. Eine andere Möglichkeit habe ich nicht, denn vieles kann ich nicht wissen. Ich weiß nicht, wie es war, als Bub in den Salzburger Bergen aufzuwachsen, nur wenige Jahre nach dem Ende des Zweiten Weltkriegs. Mein Vater sagt, er hat Kühe gehütet, hat sie vor dem Schulgang auf die Weide geführt. Es waren, sagt mein

Vater, und jetzt ist er wieder recht lebendig, zwei Kühe. Sie hießen Flecki und Moid. Hier werde ich unsicher. Waren es diese Namen? Flecki und Moid? Ich glaube, er erzählte davon, dass eine der beiden Kühe sehr scheckig gewesen sei. Flecki, mit Sicherheit. Mein Vater konnte damals, als junger Bub, Kühe melken. Später benötigte er diese Fähigkeit nicht mehr. Er konnte immer die Namen der Berge um uns herum aufzählen. Er wusste überhaupt vieles und dachte über vieles nach. Wenn ich ihn nach etwas fragte und er die Antwort nicht kannte, verzog er sich für lange Zeit zum Recherchieren. Er suchte in Lexika oder stöberte später im Internet. Er las und las, bis er eine Antwort hatte, die er mir dann in aller Ausführlichkeit mitteilte. Diese Antworten konnten sehr lange werden, wie sehr lange Radfahrten vielleicht.

Mein Vater wusste eigentlich bei allem, woraus es gemacht war. Er hatte Materialkenntnis. Auch das Wort von der Materialbeschaffenheit fiel bei uns zu Hause oft. Es ging um Materialechtheit. Zum Beispiel um die Frage, ob Holz durch Metallschrauben verbunden werden soll. Wegen der Materialechtheit gelte es als feiner, wenn Holzkanten durch eine sogenannte Schwalbenschwanzverbindung zusammengehalten würden. Es war schön, meinen Vater alles fragen zu können. Manchmal nahmen die Antworten kein Ende und mir wurde beim langen Stillsein und Zuhören doch langweilig. Ich unterdrückte ein Gähnen. Mein Vater hatte, einmal mit der Schwalbenschwanzverbindung angefangen, kein Erbarmen.

Ich weiß, dass es im Leben meines Vaters ein paar Heldentaten zu verzeichnen gibt. Eine dieser Glanzleistungen ist seine Radfahrt nach Griechenland. Sie muss sehr lange gedauert haben, sehr, sehr lange. Länger als jedes unserer Gespräche. Er fuhr ja nicht vom benachbarten Albanien nach Griechenland, er fuhr von einem Dorf in den Salzburger Bergen nach Griechenland. Er radelte! Ich kann mir kaum vorstellen, wie er das geschafft hat.

Wenn ich mich recht erinnere, war mein Vater mit einem Freund aus eben diesem Dorf in den Salzburger Bergen unterwegs nach Griechenland. Es könnte Moser Ossi gewesen sein oder Moser Rupert. Oder ein anderer von den Mosers oder ein anderer Rupert. Das weiß ich jetzt nicht mehr, und der Rupert ist auch schon gestorben, den kann ich nicht mehr fragen. Weil mein Vater auf den Fotos aus den Sechzigerjahren in den kräftigen Farbtönen von Agfacolor leuchtet, stelle ich mir die beiden jungen Männer auch in der Wirklichkeit so überpinselt vor. Rundherum die Bougainvilleas in sattem Malvenrot. Die Kakteen bereits ausgebleicht vom gleißenden Licht der Sonne. Das Meer riecht nach Pinien, die Landschaft schmeckt salzig. Die endlosen Straßen entlang auf vier schmalen Reifen zwei junge Männer. Sie treten in die Pedale. Das Wort vom Drahtesel stimmt da noch, es sind Rennräder, auf denen man wenig bequem sitzt.

Mein Vater sagt, sie sind mit den Fahrrädern in den Süden gefahren, und am Ende haben sie die Fähre genommen. Ich sehe auf der Landkarte nach. Wenn man von Österreich nach Griechenland will, muss man über das südliche Kärnten nach Italien. Man lässt die Berge hinter sich. Udine, Venedig, Rimini. Die Landschaft wird flacher, die Vegetation mediterran, das Klima mild. Weiter nach Ancona bis

Bari. Von Brindisi geht die Fähre nach Korfu und von dort weiter auf das griechische Festland. Das erscheint mir die wahrscheinlichste Variante.

Sie hätten auch über Slowenien, Kroatien, Montenegro und Albanien fahren können. Mein Vater schüttelt den Kopf. Ich suche eine ältere Landkarte für die Namen der Länder im Jahr 1960. Vielleicht war es auch 1957 oder 1962? Das wissen wir jetzt beide nicht. 1960 war dort einfach Jugoslawien. Von Norden bis Süden: Jugoslawien. Dobro jutro, ruft mein Vater fröhlich. Ein Küstenabschnitt vor Griechenland hat durch Albanien geführt, man hätte aber auch im Landesinneren weiterreisen können und somit immer in Jugoslawien bleiben, bis dorthin, wo es an Griechenland grenzt. Die Landkarte von 1960 zeigt zusätzlich Informationen zu Europa und zum Kalten Krieg. Bulgarien und Rumänien werden 1955 Mitglied des Warschauer Pakts, während Albanien und Jugoslawien unter Tito ein wenig unabhängiger sind, sagt die Info auf der Karte. Griechenland ist der einzige Balkanstaat, der in dieser Zeit nicht kommunistisch ist. Es hatte, als mein Vater dorthin gereist ist, die Staatsform der konstitutionellen Demokratie und war Mitglied der NATO. Mein Vater hatte sicherlich einen Reiseführer gelesen und einen winzigen Langenscheidt dabei.

Die Strecke, ich rechne mit der Variante über Italien, beträgt ungefähr tausendfünfhundert Kilometer. Ich stelle mir vor, dass mein Vater und sein Freund aus den Salzburger Bergen dafür etwa zwei Wochen gebraucht haben. Die Pausen wurden für Sightseeing genutzt. Lange eingekehrt werden sie selten sein. Mein Vater war ein sparsamer Mensch. Als junger Mann benötigte er nicht viel. Ein kleines Zelt zum Schlafen, außerdem einen Gaskocher, daran erinnere ich mich. Wahrscheinlich haben sie morgens Kaffee gekocht, später etwas Brot und Wurst oder Käse gekauft auf dem Markt, außerdem Obst, Gemüse, Nüsse. Wassermelonen mochte mein Vater gern! Das stimmt, sagt mein Vater jetzt. Mit euch Kindern haben wir im Sommer dann jeden Tag eine große Melone aufgeschnitten und beim Essen die Kerne weit fortgespuckt. Jetzt lachen wir beide. Eine Trinkflasche, vielleicht aus Blech, war in einer Halterung am Rahmen des Fahrrads befestigt. Sie trugen kurze Hosen, womöglich abgeschnittene Jeans, und jeder ein T-Shirt. Ein zweites zum Wechseln hatten sie dabei, mehr nicht. Dann noch eine Regenjacke, rot oder dunkelblau, wie damals die Regenjacken waren. Nassrasierer, Seife, Hirschtalg für die Fußsohlen? Einen Kompass, etwas Bargeld. Lire in Italien, Drachmen in Griechenland. Und natürlich einen Reisepass. Ein Taschenmesser, und Papier und Stifte für Notizen. Der Freund nicht, aber mein Vater, das ist gewiss.

Die Erfolge von Eddy Merckx folgten erst später. Welchen Radrennfahrer kann mein Vater gekannt haben? Begeisterte er sich damals überhaupt für den Radsport, oder ging es ihm in erster Linie darum, auf günstige Art eine Reise zu tun? Auch ein bisschen ums Abenteuer? Bis nach Griechenland! Anfang des Jahres 1960 war der berühmte italienische Radrennfahrer Fausto Coppi an Malaria gestorben. 1939 hatte dieser als bis dahin jüngster Fahrer den Giro d'Italia gewonnen. Es war der Beginn der goldenen Ära des Radsports in Italien. Coppis kurzes Leben war geprägt von

Erfolgen und Skandalen, von Sieg und Verlust, privat wie beruflich. Den Giro hat er fünf Mal gewonnen, die Tour de France zweimal. Coppi war freilich eine Generation älter als mein Vater. Sie sahen sich auch nicht ähnlich. Coppi taugt nicht als Projektionsfigur für die Imagination eines Fahrradausflugs meines Vaters.

Mein Vater war blauäugig, hatte dunkelblondes Haar und trug, so lange ich ihn kannte, einen sorgfältig gepflegten Vollbart. Vielleicht hatte er zum Zeitpunkt der Reise aber noch die glattrasierten Wangen eines Zwanzigjährigen. Trug er eine Sonnenbrille? Eher nicht. Bekam er einen Sonnenbrand? Auf der Nase sicherlich! Lernten die beiden jungen Männer auf der Reise junge Frauen kennen? Ich vermute, mein Vater war ein wenig zu schüchtern, außerdem hatte er sportlichen Ehrgeiz und ließ sich selten gehen. Er trank nicht viel, auch kenne ich ihn kaum feierfreudig. Hie und da werden sie ein paar Worte mit jemandem gewechselt haben und sich dann wieder auf den Weg gemacht haben. Genau so war es, sagt mein Vater und grinst verschmitzt.

In Griechenland angekommen, was haben die beiden gemacht? Sie waren sofort im Wasser. Sicherlich. Sprangen von den steilen Klippen ins blaue Meer. Der Sand roch nach Gyros und Oliven, das Wasser schmeckte nach Ouzo und harzigem Wein. Die Fahrräder schliefen im Schatten wie zwei griechische Packesel. Ein paar Mal mussten ihre Reifen auf der langen Strecke in den Süden geflickt werden, die Ketten geölt, die Bremsen mit Werkzeug nachgezogen. Aber sonst haben sie meinen Vater und seinen Freund über die tausendfünfhundert Kilometer gut getragen.

Die Rückreise wurde dann mit dem Zug angetreten.

Iríni und Ypapantí haben uns zum Bahnhof gebracht, sagt mein Vater jetzt. Iríni und Ypapantí?, frage ich. Wer sind denn diese beiden? Mein Vater zuckt mit den Schultern. Daran erinnert er sich jetzt nicht mehr so genau. Und gab es damals überhaupt einen Zug, der die jungen Männer die ganze Strecke von Griechenland bis in das Dorf in den Salzburger Bergen gebracht hat? Zu Flecki und Moid? Wie lange dauerte überhaupt eine solche Zugreise? Fragen über Fragen, die mir mein Vater, der in meinen Gedanken bereits wieder auf dem Fahrrad sitzt und davonfährt, jetzt nicht beantworten kann.

Heute am Brunnen

Heute Morgen habe ich etwas gesehen, was ich noch nie gesehen habe. Einen alten Mann mit weißem Bart, der auf einem Velo langsam den St. Johanns-Ring hochfuhr. An der Lenkstange hatte er verschiedene Einkaufstaschen aus Papier hängen. Er hielt an, stieg mit verblüffender Behändigkeit aus dem Sattel, bückte sich, hob einen zerschlissenen Plastiksack aus dem Straßengraben auf und stopfte ihn in eine der Papiertaschen. Er musste in meinem Alter sein, stieg aber mit erstaunlicher Leichtigkeit wieder aufs Rad und fuhr weiter. Ich hätte ihm gerne zugewinkt, vielleicht sogar mit dem Victory-Zeichen, wäre mir aber dabei blöde vorgekommen. Also ließ ich es bleiben. Auch schaute der Mann nicht herüber zu mir. Sein Blick blieb auf die Straße gerichtet, auf das, was eventuell im Straßengraben herumlag, ohne dort hinzugehören. Und richtig, nach dreißig Metern hatte er wieder etwas erspäht, was ihn störte oder was er aufhebenswert fand. Er hielt abermals an, stieg wieder mit überraschender Eleganz vom Rad, bückte sich, hob auf, was er aufheben wollte, und stopfte es in eine der Taschen an der Lenkstange, diesmal in eine andere. Dann fuhr er weiter, offenbar ein privater Straßenkehrer, der etwas gegen achtlos weggeworfene Verpackungen unternehmen will. Ein Überzeugungstäter, das war deutlich zu erkennen. Einer, der das, was er tat, aus freien Stücken tat, ob es etwas nützt oder nicht. Oder ein wohlmeinender Narr.

Heute am Brunnen fährt ein junger Mann heran, lehnt sein Fahrrad an den Brunnentrog, nimmt eine Literflasche aus dem Rucksack und füllt sie an einem Wasserstrahl. Ich betrachte sein Fahrrad genau.

»Es hat keine Übersetzung«, sage ich, »ein schönes Velo.«

»Es hat einen Starrkranz«, sagt er, »zum Bremsen.«

»Mein erstes Velo hatte das auch, man nannte das Rücktritt.«

Er schaut mich genau an.

»Die Urform des Fahrrads«, sagt er, »nichts Überflüssiges ist dran. Ich bin Velokurier.«

»Da müssen Sie aber aufpassen«, sage ich, »wegen der Tramschienen.«

»Man muss immer aufpassen, auf alles«, sagt er. »Ich wünsche einen angenehmen Tag.«

Er steigt auf und kurvt in einem eleganten Abgang in die Mittlere Straße.

Dabei, also bei der wunderschönen Abgangskurve, die der Velokurier auf den Asphalt gelegt hat, ist mir der Basler Kunstmaler Kurt Fahrner eingefallen, der wenige Jahre älter war als ich und als erfolgreicher Bürgerschreck die Kunstspießer-Szene Basels aufgemischt hat.

Eines Abends, als ich am großen Fenstertisch in der Rio Bar saß, fiel mir auf, dass sich drüben auf der Klagemauer, die der Barfüßerkirche vorgelagert war, etwas Außerordentliches tat. Ich ging hinüber und sah Kurt Fahrner auf der Mauer stehen und ein großes Ölbild enthüllen, das eine nackte Frau am Kreuz zeigte. Dazu las er eine vorbereitete Rede ab, von der ich kein Wort verstand. Es fanden sich ein paar Dutzend Leute ein, die dieses Kunsthappening bestaunten. Und ich ging zurück in die Rio Bar.

Etwas später fuhr ein Wagen der Polizei vor. Und nach hitzigen Diskussionen wurden beide verhaftet, der Maler und sein Bild. Der Maler kam bald wieder frei, sein Bild aber blieb jahrelang eingesperrt. Bis ich in einer Werkausstellung des inzwischen gestorbenen Kurt Fahrner feststellte, dass das Bild mit der nackten, gekreuzigten Frau fehlte. Ich veröffentlichte in der *National-Zeitung* unter dem Titel *Eine Schande für Basel* einen Artikel über dieses Fehlen. So kam das Bild wieder frei.

Auf dem schönsten Bild, das Kurt Fahrner gemalt hat, sind zwei Frauen auf Rennvelos zu sehen. Dabei ist zu erkennen, wie schön Velos sein können. Von Frauen weiß man das schon lange, von Fahrrädern war das neu. Ein Prachtsbild.

Ich bin mit Fahrrädern aufgewachsen. Das erste, das ich erhielt, war ein altes Militärvelo mit Rücktritt, ein schweres, unzerstörbares Stahlungetüm. Das zweite war ein Dreigänger der Marke Kristall, den ich mir mit selbst verdientem Geld kaufte. Damit habe ich mit einem Freund die ersten Velotouren gemacht. Von Zofingen an den Genfersee zum Beispiel, wobei wir es am ersten Tag bis auf die Passhöhe der Grimsel hinauf schafften und dort wegen rabenschwarzer Dunkelheit gleich neben der Straße unser Zelt aufschlugen.

Oder, zusammen mit Ueli Mauch, dem späteren Aarauer Gymnasiallehrer, über den Julier und das Bergell hinunter an den Luganer See. Dies war meine letzte Velotour. Von da an reiste ich per Autostopp.

In Basel, als ich bei der Witwe Oser im Gundeldinger Quartier ein Zimmer gemietet hatte, sprach mich eines Tages eine alte Frau vom Nebenhaus an und erzählte, sie habe von ihrem toten Mann noch ein quasi nigelnagelneues Fahrrad im Keller stehen. Ob ich es haben wolle?

Es war ein englisches Fabrikat, Vorkriegsware, ein wunderschöner Rudge, einwandfrei in Schuss gehalten vom Mann der Nachbarin, der ein Büezer gewesen war. Solch edle Fahrzeuge wurden damals von der Arbeiterschaft über Jahrzehnte gepflegt und in Ehren gehalten. Ich bin mit diesem Rudge noch jahrelang in Basel herumgefahren, auch noch in der Zeit, in der ich Lokalreporter für die *National-Zeitung* war. Er hat mir stets zuverlässig gedient, wenn ich nach einer Abendveranstaltung zur Redaktion am Aeschenplatz fuhr, den Artikel in die Maschine hämmerte, per Rohrpost in die Setzerei hinunterschickte und dann zum Barfi spurtete, um in der Rio Bar vor Wirtschaftsschluss noch eine Flasche Eichhof bestellen zu können.

Ich habe den Rudge, wenn ich ihn irgendwo hinstellte, stets abgeschlossen. Es hat nichts genützt. Eines Morgens war er weg. Ich bin mir sicher, er fährt immer noch irgendwo herum, zur stolzen Freude des neuen Besitzers.

Junger Mann

Ich beschloss, lieber noch eine Runde mit meinem Peugeot-Rennrad zu drehen, das ich meinem großen Bruder gestohlen oder abgekauft hatte. Die genauen Umstände wurden nie restlos aufgeklärt. Aber wer nicht mehr da war, brauchte sowieso kein Rad. Seine Farbe, für die es kein Wort gab, schillerte zwischen Gold und Bronze wie ein außerirdisches Metall und war neben der goldenen Omega-Uhr mit den Leuchtpunkten und dem japanischen Fotoapparat, den ich bei einem Preisausschreiben gewonnen hatte, das Schönste, was ich hatte. Abgesehen von meinen Fiberglas-Schi, mit denen ich aber wegen dem ärztlichen Fahrverbot nichts mehr anfangen konnte. Der Doktor war böse auf mich, weil ich jeden Winter daherkam, und ich war schon froh, dass er mir nicht auch ein Radfahrverbot auferlegt hatte. Schließlich bretterte ich mit dem Rad auch immer so schnell wie möglich bergab. Meine tägliche Runde führte zu der Villa am Ortsrand. Ich fuhr sie jeden Tag ein paarmal, immer dieselbe Runde. Das letzte Stück war so steil, dass ich schon an normalen Tagen kaum hinaufkam. In der vierundzwanzigsten Null-Kalorien-Stunde war es beinahe unmöglich. Während ich schwitzend und schnaufend um jeden Tritt kämpfte, fragte ich mich, ob man auf derselben Strecke mehr Kalorien verbrauchte, wenn es einem schwerer fiel. Galt hier das Maß der überwundenen Steigung oder das Maß der überwundenen Schwäche? Es gab im Leben nicht auf alles eine Antwort.

Als ich oben mit letzter Kraft ankam, stellte ich einen interessanten Zusammenhang fest. Mir war die Luft nicht ausgegangen, aber dafür meinem Vorderreifen. Komplett platt holperte und walzte er über den Asphalt, als wollte er mir vorwerfen, dass ich einfach zu schwer für ihn war. Dünn bist du geworden, schlecht schaust du aus, sagte ich verbittert zu meinem Vorderreifen. Natürlich nur in Gedanken. Ich war nicht verrückt. Und natürlich nur, um von meinem wahren Problem abzulenken. Es ließ sich nicht leugnen, dass ich jetzt direkt vor der Villa mein Rad aufbocken und den Reifen richten musste. Die Villa gehörte amerikanischen Millionären, die fast nie da waren. Nur die Haushälterin wohnte hier und hielt Haus und Garten in Schuss. Und ihr Mann machte die Hausmeisterarbeiten. Der war aber auch fast nie da. Der war meistens nach Teheran unterwegs. Erst vorige Woche war er auf die Tankstelle gekommen, um seinen Scania samt Zusatztanks vollzutanken. Aber ich fand es eine Frechheit, dass er rund um die *Garage* seine Ersatzteilspender vom Schrottplatz abgestellt hatte. Das war der Elsa bestimmt nicht recht.

Ich fuhr an der Villa immer extra schnell vorbei. Ohne hinüberzuschauen. Nicht, dass die Elsa noch auf den Verdacht kam, ich würde ihretwegen so oft diese Strecke fahren. Jeden Tag drei-, viermal. Fünfmal auch oder sechsmal. Ich konnte nichts dafür, dass das Haus am Ende des steilsten Anstiegs lag, den ich aus Trainingsgründen fahren musste.

Aber zehnmal peinlicher als dauerndes Vorbeifahren war extra absteigen und den Reifen flicken. Genau vor ihrem Gartentor. Noch peinlicher wäre nur gewesen, beim Reparieren vor Hunger umzufallen.

Einerseits war ich froh, dass der Tscho gerade nach Teheran aufgebrochen war. Andererseits machte es mich besonders verdächtig. Womöglich glaubte die Elsa, dass ich nur so tat, als müsste ich den Reifen picken. Ich hasste es, falsch verdächtigt zu werden. Dabei wollte ich so unsichtbar vorbeiradeln wie immer. Sie hätte mich gar nicht bemerkt. Oder nur zufällig gesehen, wie ich in lässiger Schräglage wendete und mit Todesverachtung kieselsteinspritzend den Berg hinunterschoss.

Andererseits musste ich froh sein, dass der Reifen den Geist schon am Ende des Anstiegs aufgegeben hat und nicht erst bergab. Bei meinem halsbrecherischen Bergabtempo wäre ich sonst mit mehreren Überschlägen im Graben gelandet wie ein Schispringer, dem mitten im Flug der Luftpolster weggezogen wurde. Was aber vielleicht Eindruck bei ihr gemacht hätte. Hoffte ich zumindest. Man konnte die Wirkung von Ereignissen erhoffen, die gar nicht stattgefunden haben. Das war interessant.

Vorsichtshalber stellte ich mich mit dem Rücken zu ihrem Garten. Damit es unauffälliger war, falls sie herausschaute. Außerdem war ich am Rücken schlanker als vorne. Von hinten erkannte sie mich wahrscheinlich gar nicht. Schließlich war es ein halbes Jahr her, seit ich ihr in der freigekratzten Eisscheibe erschienen war.

Ich holte das Pickzeug aus dem Satteltäschchen, zwei

Gummiplättchen verschiedener Größe, den vulkanisierenden Klebstoff und das unscheinbar kleine Ventilschläuchlein. Doch am Ventil lag es nicht. Das hatte ich natürlich als Erstes mit der Spucke überprüft. Ich stellte das Rad auf den Sattel, holte das Vorderrad mit einem Handgriff aus der Gabel, lobte den Erfinder der eleganten Flügelschraube und zog den Schlauch von der Felge. Das anstrengende Aufpumpen mit der kleinen Rennradpumpe erinnerte mich wieder daran, dass ich seit 24 Stunden nichts gegessen hatte. Konzentriert horchte ich, wo die Luft entwich. Früher oder später hörte man es irgendwo leise zischen. Ich ließ den Schlauch durch meine Finger gleiten, Zentimeter für Zentimeter, presste ihn mit den Händen zusammen, um den Druck noch zu erhöhen, und lauschte.

Zumindest einen ganz leisen Luftstrom hätte man doch hören müssen. Aber nur die Laute der Umgebung drängten sich in den Vordergrund. Die Stille hier über dem Tal, zwischen Ortsrand und Waldrand, verwandelte sich in ein nervendes Hörspiel. Vermutlich hatte das Flugzeug schon die längste Zeit sein Brummen über das Land versprüht, aber jetzt fiel es mir auf, und auch das ferne Singen der Kreissäge muss schon vorher zu hören gewesen sein, denn irgendwo schnitt immer irgendein Mandl sein Holz zusammen. Aber seit ich mich auf die aus meinem Radschlauch entweichende Luft konzentrierte, kam der Lärm aus allen Richtungen. Die Schallgesetze waren nicht auf meiner Seite. Je weiter die Autos im Tal unten sich entfernten, umso lauter wurden sie, bis man sie nicht mehr sehen, aber immer noch hören konnte. Und ein unsichtbarer Hund bellte so dumm, dass es fast etwas Menschliches bekam. Ich fragte mich, ob ich den weit unter mir rauschenden Bach hier tatsächlich hören konnte oder ob es nur ein Nachklang war von vorhin, als mich nur der Stacheldraht von ihm getrennt hatte. So wie man in der Nacht noch die Leuchtpunkte sah, wenn man die Augen geschlossen hatte. Selbst mein eigenes Atmen übertönte geräuschvoll das Strömen des Lufthauchs aus dem ans Ohr gehaltenen Radschlauch.

Noch nie hatte ich so lange gebraucht, um das Loch zu entdecken. Mit ein bisschen Wasser hätte ich es sofort gehabt. Im Wasser kann die Luft sich nicht verstecken. Auch beim allerfeinsten Nadelstich steigen die Luftbläschen gut sichtbar auf. Eine feine Perlenschnur wie die Kohlensäure im Sinalco. Aber ich hatte kein Wasser. Auf keinen Fall würde ich bei der Elsa klingeln und um ein Wasser bitten. Schon der Gedanke war zum Totschämen. Ich schaute nicht einmal, ob sie zufällig im Garten auftauchte oder die Fensterblumen goss. Mit den Nackenhaaren hätte ich es sowieso gespürt und mit den Augen, die man im Hinterkopf hat.

Es blieb mir nichts anderes übrig, als noch mehr Luft hineinzupumpen. Dann hielt ich mir den Schlauch so nah vors Gesicht, dass er fast meine Wange berührte. Ein paar Millimeter Abstand, damit ich den Lufthauch endlich spürte. Zentimeter für Zentimeter schob ich ihn weiter, so nah an meiner Haut, dass die Luft sich unmöglich noch lange verstecken konnte.

»Schön machst du das«, hörte ich ihre Stimme hinter meinem Rücken.

In diesem Moment muss ich mindestens zehntausend Kalorien verbrannt haben.

Ein Kilo leichter und leuchtend wie eine 100-Watt-Birne antwortete ich: »Mit ›schön‹ hat das nichts zu tun.«

Ruppige Antwort, damit sie nicht auf die Idee kam, ich stünde ihretwegen hier herum. Vorbeigefahren bin ich vielleicht wegen ihr. Aber sicher nicht stehen geblieben!

»Möchtest du ein Wasser?«

»Nein, ich brauch kein Wasser. Ich hab das Loch schon gefunden.«

Das war nicht einmal gelogen. Tatsächlich spürte ich in diesem Moment den Lufthauch. Vielleicht ist die errötete Haut luftempfindlicher. Entweder wegen der Durchblutung sensibler. Oder weil das Gesicht heiß ist und die Schlauchluft kalt. Ganz deutlich spürte ich sie auf der Wange. Ich versuchte, mein Gesicht zu kühlen, indem ich den Luftstrom ein bisschen hin und her lenkte. Das brachte aber nicht viel. Der Strahl war zu fein.

»Ich hab gemeint, ein Glas Wasser zum Trinken«, lächelte sie. »Dir muss doch heiß sein da in der Sonne.«

Ich fragte mich, was ihr zauberhaftes Lächeln bedeutete. Entweder etwas sehr Gutes oder etwas sehr Schlechtes. Sehr gut wäre gewesen: Sie war verliebt in mich. Sehr schlecht wäre gewesen: Sie fand mich lächerlich. Mit meinem kaputten Reifen und mit meinen verschwitzten Haaren und mit meinen dreckigen Händen und mit meinen 90 Kilo.

»Ach so. Zum Trinken.«

Folgendes war Ergebnis meiner Überlegungen: Wasser zum Trinken steht weit über Wasser für die Radschlauchuntersuchung. Vielleicht nicht in jeder Situation, aber sicher als Angebot einer Tschofrau. Im Sympathiewert. Bei einer Panne hilft man jedem. Aus allgemeiner Menschlichkeit. Das hat mit Verliebtsein noch nichts zu tun. Aber Wasser zum Trinken bietet man nicht jedem an, wenn man gar nicht weiß, ob der einen Durst hat. Wasser zum Trinken ist schon ziemlich nett gemeint. Da musste ich gar nicht lange nachdenken. Das war eindeutig. Umso schmerzhafter durchfuhr mich die Einsicht, dass »Ich brauch kein Wasser« in diesem Fall eine vollkommen unhöfliche Antwort war.

»Ich hab geglaubt, du fragst, ob ich für meinen Schlauch ein Wasser brauche.«

»Ich seh ja, dass du das Loch schon gefunden hast.« Sie grinste spöttisch. »Weil du dir so schön deine blonden Locken aus dem Gesicht föhnst.«

Ich hatte überhaupt keine Locken. Mein Bruder hatte schöne gewellte Haare wie der Sänger, von dem er ein Poster besaß. Meine verbogen sich nur blöd, wenn ich schwitzte, und standen idiotisch in der Gegend herum. Aber durch intensives Überlegen verstand ich ihre spöttische Bemerkung erst richtig. Sie hatte denselben Grund, den meine ruppige Antwort gehabt hatte. Ich sollte nicht glauben, dass sie extra wegen mir herausgekommen ist. Also sagte ich einfach nichts darauf und richtete extra noch einmal die Schlauchluft auf meine Haare, was aber überhaupt nichts bewirkte.

»Ist das fein?«

Ich lenkte den Luftstrom auf ihr Gesicht: »Spürst es?«

»Nein. Du musst ein bisschen näher kommen.«

»Es ist nur ganz schwach«, sagte ich und hielt ihr den Schlauch so nah an die Wange, dass er sie fast berührte. Mir kam komisch vor, dass sie es nicht spüren konnte, wo ich doch aus dieser Nähe schon die Wärme ihrer Haut spürte.

Strömende Luft war doch auf jeden Fall mehr als normale Hautwärme.

»Vielleicht am Hals«, sagte sie. »Da spürt man am meisten.«

»Ehrlich?«

»Ja, da hat man die meisten Nerven.«

»Geh!«

Während ich ihr den Luftstrom Richtung Hals lenkte, war ich nicht mehr sicher, ob ich ihn nicht durch die Bewegung schon wieder verloren hatte.

»Jetzt spür ich es«, behauptete sie. »Das ist fein.«

»Fein ist das nicht. Die Luft sollte drinnen bleiben.«

»Hast du einen Radlpick?«

»Ja, sicher.«

»Soll ich dir helfen?«

»Nein danke, da wirst nur dreckig«, sagte ich und machte mich an die Arbeit.

»Magst du jetzt ein Wasser?«

»Ja, bitte.«

»Jabitte – Neindanke. Du bist richtig gut erzogen, oder?«

Ich war froh, dass sie hineinging. Der Geschickteste war ich nämlich nicht, schon gar nicht, wenn mir wer auf die Finger schaute. Die Elsa musste nicht unbedingt sehen, dass mir die Hände zitterten. Sie sollte nicht glauben, dass ich wegen ihr so nervös war. Zu 80 Prozent lag das Zittern an meinem Hunger, schätzte ich. Zu 20 Prozent vielleicht woanders. Aus unerfindlichen Gründen fiel mir jetzt ein, dass wir dieses Wort in Englisch gelernt hatten. Elsewhere. Aber vielleicht war es auch umgekehrt. Und es lag nur zu 20 Prozent am Hunger. Und zu 80 Prozent woanders. Elsewhere. Wenn ich ehrlich war. Das überlegte ich, während ich darauf wartete, dass der Pick trocknete, den ich auf die kaputte Stelle geschmiert hatte. Aber dann haute ich den Gummifleck doch viel zu früh drauf, also noch bevor der Pick ganz hart war. Es wird schon halten, sagte ich mir. Hauptsache, ich war schon fertig, wenn die Elsa mit dem Wasser herauskam.

»Ich hoffe, du hast den Fleck nicht draufgegeben, bevor der Pick hart war«, sagte die Frau des Teheranfahrers Tscho und reichte mir einen Bierkrug voll Wasser. Ein halber Liter Wasser: null Kalorien.

»Bei der Hitze trocknet er schnell«, antwortete ich in einem tschohaften Tonfall, der ihre Zweifel zurückschmettern sollte mit einem glasklaren: Ich Tankstelle, du Frau.

»Ich tu ihn immer zu früh hinauf«, lächelte die Frau, die glaubte, sich mit diesem Lächeln bei mir alles erlauben zu können, »dann hält es nicht.«

»Macht das nicht der Tscho für dich?«, fragte ich mit einem Blick auf die Schrottkisten, die vor der Garage herumstanden.

»Ach, der! Der greift ein Radl gar nicht an.«

Da ich gerade dabei war, den Halbliterkrug in großen Schlucken zu leeren, musste ich mir keine Antwort überlegen. Das Wasser war schön kalt, und ihr Lächeln, das ich beim Trinken durch das Glas hindurch studierte, bedeutete so viel wie: Ich hab es extra lange rinnen lassen, damit es nicht lauwarm ist bei der Hitze.

»Da ist einer durstig gewesen«, grinste sie, als ich ihr den leeren Krug zurückgab.

»Danke. Schön kalt, dein Wasser.«

Ich musste jetzt schnell weiter. Als wäre ich ein Fahrer bei der Tour de France, dem man vom Streckenrand ein neues Rad und eine Erfrischung gereicht hat. Eddy Merckx im Gelben Trikot. Lucien Van Impe, der Bergspezialist. Vorderrad einspannen, Rad umdrehen und »Au revoir«. Nicht, dass sie noch bemerkte, wie gern ich hiergeblieben wäre. Ich war so damit beschäftigt, jeden Verdacht zu zerstreuen, dass ich schon fast selbst Zweifel bekam, ob ich meine Reifenpanne vor ihrem Haus nicht vorgetäuscht hatte.

»Danke für das Wasser. Dann fahr ich wieder.«

»Du kannst dir gern bei mir die Hände waschen.«

Ich schüttelte den Kopf und sagte lässig: »Ach was, das ist ehrlicher Dreck.«

Diesen Spruch hatte ich dringend loswerden müssen. Ich wusste nicht genau, was ehrlicher Dreck sein sollte, aber auf der Tankstelle hatte es vor ein paar Tagen ein auf der Straße hängengebliebener Kunde zu mir gesagt. Weil er mein Zögern bemerkte, als er mir die Hand geben wollte, um sich für den geliehenen Kanister zu bedanken, lachte er nur und sagte: »Ach was, das ist ehrlicher Dreck.« Und wenn man einen Spruch gehört hatte, musste man ihn schnell wieder loswerden, sonst blieb er einem.

»So bringst du dir nur die Schmiere auf die Lenkstange«, sagte sie, unbeeindruckt von meinem Spruch. »Und jedes Mal, wenn du dann fährst, kriegst du wieder dreckige Hände. Es ist niemand drinnen, du kannst dir gern die Hände waschen.«

»Naja. Okay. Danke.«

»Nimm das Radl lieber mit herein, bevor es dir jemand stiehlt«, sagte sie und hielt mir schon das Gartentor auf. In der einen Hand den leeren Krug, in der anderen das Gartentor, stand sie da in ihrer weißen Bluse, die strahlende Frau des Teheranfahrers Tscho.

Als ich beim Hauseingang meine Turnschuhe abstreifte, hörte ich ihre spöttische Stimme hinter mir: »So gut erzogen!«

Ich war froh, dass ich mich kurz ihrem Blick entziehen konnte. Dafür sah ich mich leider selbst gleich mehrfach. Alles in diesem Badezimmer war neu und schön und glänzend und duftend. Selbst mein Spiegelbild schien mir verwandelt, der Luxusspiegel gab meinen Augen einen Glanz, den sie in Wirklichkeit gar nicht hatten. Vielleicht lag es auch weniger am Spiegel als an meinem Hunger. Auch wenn man den Hunger nicht mehr spürte, konnte er die Augen hervortreten lassen. Oder der Grund lag überhaupt zu 80 Prozent woanders. Elsewhere.

Nur gut, dass meine Hände nicht so dreckig waren wie auf der Tankstelle. Der Ölfilm hätte sich in das Porzellan gebrannt, und die Elsa hätte stundenlang putzen müssen und bereut, dass sie mich hereingelassen hat. Das wäre kein ehrlicher Dreck mehr gewesen.

Die Handtücher waren so weiß, dass ich die Hände lieber an meiner Hose trocken wischte. Man hatte Angst, hier etwas zu berühren. Nur die Waage hätte mich gereizt. Aber ich stellte mich nicht hinauf. Eiserne Abnehmeregel: Nur am Morgen wiegen.

»Magst du einen Kaffee?«, fragte sie, als ich aus dem Bad kam. »Ein Stück Kuchen hätte ich auch.«

Seit 24 Stunden plus einer halben Stunde hatte ich nichts gegessen. Und ich war noch immer nicht hungrig.

»Eichen sollst du weichen, Kuchen nicht versuchen«, antwortete ich lässig.

»Woher hast du denn den Spruch schon wieder«, lachte sie.

»Ist mir gerade eingegeben worden.«

»Eingegeben? Vom Heiligen Geist, oder was?«

»Ist schon möglich.«

»Der Kaffee ist aber schon fertig.«

»Ohne Milch und Zucker bitte.«

Eine Tasse Kaffee: null Kalorien. Man fragt sich zwar, wo die Schwärze herkommt, aber ohne Milch und ohne Zucker und ohne Kuchen war Kaffee völlig in Ordnung.

»Setz dich her.«

»Ich muss gleich düsen«, sagte ich und lehnte mich nur seitlich an die Eckbank wie einer, der schnell im Aufbrechen einen Schluck trinkt.

Sie schenkte mir aus einer filigranen weißen Kanne ein und fragte: »Hast du schon eine Freundin?«

Konflikt im Grünen

Der Sinn so leicht, das Herz so weit,
Der Finke winkt – wir wandern
Durch süßeste Waldeinsamkeit.
Dann kommen sie: die andern.

Auf Kriegsfahrrädern sausen sie
Wie Bomben durch die Stille!
Knallbunt verkleidet brausen sie!
Als wären sie auf Pille.

Da macht in ihren Speichen, hui,
Ein Ästlein, ach, sie segeln.
Wer war denn das? Wir selber? Pfui.
Das muss man anders regeln.

SIMONE LAPPERT

Mit krasser Ausrüstung kommt krasse Verantwortung

Nur, damit es keine Missverständnisse gibt: Ich kann mich durchaus für schnelle Verkehrsmittel begeistern. Als Kind hat mich mein Vater manchmal mit dem Motorrad in den Kindergarten oder die Schule gefahren, mit einer schwarz-weißen Moto Guzzi, auf deren Tank ein silberner Adler prangte. Ich habe es geliebt. Ich hatte meine eigene Lederjacke, eine Lederhose, Helm und Nierengurt, alles, was dazugehört. Ich mochte den Geruch der Ausrüstung, das Geräusch des Motors, den Windschatten hinter dem Rücken meines Vaters und natürlich die Blicke der anderen Kinder, wenn ich als pummelige Außenseiterin von dem beeindruckenden Gefährt stieg. Ein bisschen wie Catwoman habe ich mich in diesen Momenten schon gefühlt. Angst hatte ich nie, mein Vater fuhr stets gemächlich und verantwortungsbewusst.

Trotz meiner Faszination für schnelle Maschinen ist aus mir eine führerscheinlose Fahrradfahrerin geworden. Denn nicht alle fahren wie mein Vater, und wo leistungsstarke Motoren unterwegs sind, wird es schnell hektisch und gefährlich. Aber auch auf dem Drahtesel bekomme ich das Gesetz der Straße zu spüren: je krasser die Ausrüstung, desto krasser offenbar die Überzeugung, ein Recht auf freie

Bahn zu haben. Das fängt schon bei den Möchtegern-Motorrädern an, den suvs unter den Zweirädern: den E-Bikes. An jeder Straßenecke kommen einem mittlerweile diese Typen mit den aerodynamischen Helmen entgegen. Immer machen sie eine Grimasse. Ich weiß nicht, ob diese durch den Helm ausgelöst wird oder schlicht durch den Gedanken, superkrass zu sein. Jedenfalls rasen sie mit vor Entschlossenheit verzerrten Gesichtszügen über belebte Quartierplätze und Trottoirs, durch Einbahnstraßen und entlang beliebter Sonntagsspazierrouten, schnaubend, als würden sie selbst die Geschwindigkeit erstrampeln und nicht das brave Elektromotörchen. Ihr Blick sagt: Geh mir aus dem Weg, ich bin schnell, und ich bin wichtig, und wenn du nicht weichst, fahr ich dich um, denn Bremsen ist für Fußvolk und Weicheier, ich aber bin Batman kurz vor dem Weltuntergang, 007 mit der Lizenz zum Gefährden. Natürlich gibt es auch anständige E-Bike-Fahrer:innen, aber die fallen halt nicht auf.

Vielleicht, dachte ich neulich, als einer mit Flammen auf dem Helm mich fast vom Fahrrad gerammt hatte, liegt es ja an den Tonnen von Actionfilmen auf Streamingportalen, in denen irgendein verschrobener Typ alleine gegen die große Weltverschwörung ankämpfen muss? Eine Art Actionheld-Neurose vielleicht? Nur halt mit E-Bike anstatt Lamborghini? Aber ist es nicht so, dass Actionhelden mit Flammenhelmen eigentlich die Schwächsten der Gesellschaft schützen wollen? Sind diejenigen, die kleine Kinder und Omas umnieten, nicht die Bösewichte, die am Ende im Haifischbecken oder in der flüssigen Lava landen?

Also, liebe E-Biker:innen: Wenn ihr eure geölten Blitze

mal so richtig ausfahren wollt, tut es doch nach Mitternacht, wenn die Straßen leer sind und die Ampeln gelb blinken. Denn, frei nach Spider-Man: Mit krasser Ausrüstung kommt krasse Verantwortung. Und das gilt auch auf dem Fahrradweg.

Das Geheimnis des Fahrradhändlers

Wenn es einen Menschen gab, der sich wirklich aus-
kannte mit Gangschaltungen, Pedalhaken, Kugel-
lagern, Zahnkränzen, Schläuchen, Ballonreifen, Halb-
ballonreifen oder schlauchlosen Rennradreifen, dann war
es kein anderer als Paul Tamburin, der Fahrradhändler des
Städtchens Saint-Céron.

Sei's ein Quietschen, sei's ein Pfeifen, sei es eine subtile
Frage der Feinabstimmung oder ein heikler operativer Ein-
griff – es gab auf der Welt kein fahrradtechnisches Problem,
das Paul Tamburin nicht gelöst hätte. Sein Ruf war so ge-
waltig, dass man im ganzen Landkreis zu einem Fahrrad
nicht mehr »Fahrrad« sagte, sondern einfach »Tamburin«.

Diese Tatsache erfüllte ihn mit einem gewissen Stolz, zumal es in der Gegend nur noch zwei andere Personen gab,
denen eine vergleichbare öffentliche Ehrenbezeugung zu-
teilgeworden war: Aloisius Pfaundler, den König des haus-
gemachten Landschinkens, und Friedrich Zwiesel, dem seine
unbestrittene Kompetenz bei der Korrektur von Kurz-,
Weit- und Schielsichtigkeit sowie Astigmatismen die Ehre
eingetragen hatte, nicht einfach »Brillen«, sondern »Zwiesel«
zu verkaufen, was gelegentlich zu Dialogen führte, die im
Ohr eines Fremden merkwürdig geklungen haben mögen.

Nun gab es da allerdings eine Sache, die Paul Tamburin

melancholisch stimmte: Während Alois Pfaundler tüchtig seinem eigenen Pfaundler zusprach und Friedrich Zwiesel beim Spaziergang stolz die eigene Zwiesel trug, lebte er, Paul Tamburin, ganz und gar nicht im Einklang mit seiner Reputation. Ein Ungleichgewicht zwischen Sein und Schein brachte die innere Balance dieses äußerlich so gefestigten Menschen aus dem Lot. Die Last eines Geheimnisses ruhte auf seiner Seele und lastete umso schwerer, als niemand auch nur im Traum es je hätte erraten können: Paul Tamburin konnte nicht Fahrrad fahren. Er war unfähig, ein Tamburin zu besteigen. Als Kind war er, wie alle anderen Kinder auch, auf Dreirädern gefahren oder auf einem kleinen Fahrrad mit Stützrädern.

Dabei hatte er zwar keine außergewöhnliche Virtuosität an den Tag gelegt, sich aber ganz rechtschaffen aus der Affäre gezogen. Als jedoch der Tag kam, an dem der junge Sportsmann kühn auf Stützräder verzichtete, um sich den Freuden des autogenen Gleichgewichts und der unbeschränkten Freiheit hinzugeben, da hatte Paul Tamburin die größten Schwierigkeiten, jene mysteriösen Kräfte miteinander in Einklang zu bringen, die da heißen: Schwerkraft, Zentrifugalkraft und Kraft bewegter Massen.

Das war umso überraschender, als er schon sehr früh zur Bewunderung seiner Freunde auf den Händen laufen und mit größter Leichtigkeit einen Salto mortale vorwärts und rückwärts ausführen konnte.

Trotzdem lernte er eine ganze Menge in dieser Zeit: zum Beispiel die Kunst, sich selber Pflaster aufzulegen (zu welchem Zweck er immer Hansaplast, Mullbinden und Jodtinktur mit sich führte); oder am leisesten Geräusch, am kleinsten Hauch der Luft die Gegenwart eines potenziellen Zeugen seiner lächerlichen Fahrversuche zu erraten; und schließlich lernte er, eine selbstbewusste Gelassenheit ganz ungeniert zur Schau zu stellen: Wenn er nach Hause ging, hatte er zuvor die Luft aus dem Reifen gelassen oder die Lenkstange abmontiert oder sich irgendeinen anderen technischen Defekt einfallen lassen. Und durch die vielen Pflaster, die er weithin sichtbar trug, erweckte er den Eindruck, als gehöre er zu jener Kategorie von Extremsportlern, die ihre Disziplin mit speziellen Schwierigkeiten und waghalsigen Akrobatenstücken würzen müssen, um überhaupt noch Befriedigung aus ihr zu ziehen.

Aber ach! – er mochte trainieren, so viel er wollte, auf abgelegenen Feldwegen und Landstraßen (die damals noch kaum von Autos befahren wurden), es gelang ihm bei aller Anstrengung nicht, sich auf zwei Rädern im Gleichgewicht zu halten. Als er ins Alter kam, in dem man sich einen Kamm in die Hemdtasche steckte und Knickerbocker trug, die zu jener Zeit den Übergang von der kurzen Kinderhose zur langen Männerhose markierte, da hatte auch Paul Tamburin einen Kamm in der Hemdtasche und trug Knickerbocker.

Nach wie vor war er unfähig, sich auf dem Fahrrad zu behaupten, hatte aber durch seine lange Erfahrung im kontrollierten Schleudern, Abfedern von Stürzen und Überkopfrollen eine wahre Meisterschaft in der Kunst des Fallens und auf dem Gebiet der Mechanik erworben.

Denn in der Hoffnung, dem Geheimnis seines Scheiterns doch noch auf die Spur zu kommen, hatte er sich darangemacht, sämtliche Teile, aus denen ein Fahrrad besteht, akribisch zu untersuchen – von der Sattelfeder bis zum

Kugellagerkügelchen. Etwa um die Zeit bekam er auch die ersten kleineren Reparaturaufträge, und so ergab es sich auf ganz natürliche Art und Weise, dass er nach Abschluss der Schule als Lehrling beim alten Forton anfing, der ihm bald die Verantwortung für sein Geschäft überließ, da er selbst lieber zum Angeln ging, als sich mit kaputten Fahrrädern herumzuschlagen. – Sein kesses Selbstbewusstsein hatte Paul Tamburin eine weitere Fähigkeit zuwachsen lassen, die nicht weniger tauglich war, so manches zu verbergen: Er konnte die Menschen zum Lachen bringen, und das machte ihn beliebt. Mit der Unfähigkeit, Fahrrad zu fahren, hatte er sich abgefunden, ebenso wie andere sich damit abfinden, farbenblind zu sein.

Und dann, als alle sonntags zum Tanzen in die Nachbarorte radelten, da bastelte er sich ein Gefährt zusammen, das ihm ein stabiles Gleichgewicht garantierte und zugleich den Ruf eines originellen Spaßvogels eintrug.

Ja, es machte ihm Spaß, die anderen zum Lachen zu bringen, und die anderen ließen sich gerne von ihm amüsieren. Wenn freilich dann die Nacht die ersten Schatten warf und sich die Paare wie von selbst zusammenfanden, da musste er erfahren, dass man den Clown am Rande stehen lässt, als könnten seine wenig feierlichen Scherze die Gunst der Dämmerstunde stören. Und manchmal überkam ihn die Versuchung, die jeden Komiker von Zeit zu Zeit überkommt: zu zeigen, dass er eine Seele hat und ein Herz, und dass dies Herz Geheimnisse umschließt, die es mit einem anderen Herzen teilen möchte.

Der alte Forton hatte eine Tochter, Josyane (mit Ypsilon, wie sie betonte), die beinahe jeden Abend vorbeischaute. Mal war da eine Bremse einzustellen, mal eine Satteltasche auszuwechseln, mal ein Reifen aufzupumpen … – jedenfalls kam Josyane fast jeden Abend. »Du bringst mich immer so zum Lachen, Paul«, sagte sie.

Eines Abends nun, als die Nacht schon ihre ersten Schatten warf, nutzte Paul Tamburin die Gunst der Dämmerstunde und sagte in feierlichem Ton zu ihr: »Josyane, wenn ich mich nur trauen würde, dann würde ich dir etwas sagen …« – »Trau dich doch, Paul!« – »Ach, es fällt mir so schwer, es zu sagen. Und doch bist du die Einzige, der ich es gerne sagen würde.« »Sag es, Paul!« – »Es gibt Dinge, die sind so furchtbar schwer zu gestehen.« – »Das kommt darauf an, wem man sie gesteht.«

Er hatte ihre Hand genommen, die sie ihm gerne überließ. »Wenn ich mich trauen würde, dann würde ich dir etwas sagen, was ich noch keinem Menschen auf der Welt gesagt habe, und ich glaube, das würde uns einander näherbringen, und du würdest Vertrauen zu mir haben.« – »Ich habe Vertrauen zu dir, Paul, und ich fühle mich dir ganz nah.«

Er drückte ihre Hand, sie drückte die seine.

»Sag es mir!« – »Gut. Also ... es ist so ... ich ... ich ... kann nicht Fahrrad fahren.«

Wie von einer Hutchinson-Sattelfeder emporgeschnellt, fuhr Josyane auf und ging wütend davon. Sie glaubte, er habe sie zum Narren gehalten, wie er alle anderen auch zum Narren hielt.

Paul Tamburin aber war an diesem Abend um zwei Erfahrungen reicher geworden. Er hatte gelernt, dass ein Mädchen noch komplizierter konstruiert ist als ein Campionissimo-Schaltwerk; und dass Geständnisse, die an und für sich schon eine heikle Angelegenheit sind, unter gewissen Umständen einfach nicht ernst genommen werden können.

Saint-Céron und die umliegenden Gemeinden standen ganz im Bann der Tour de France. Ein ortsansässiger Fahrer namens Sauveur Bilongue hatte eine Etappe gewonnen. Freilich nur, weil er wie durch ein Wunder zweihundert Meter vor dem Ziel einem Massensturz entronnen war – aber sei's drum, er hatte gewonnen! Und kein anderer als Paul Tamburin hatte sein Rennrad hergerichtet und abgestimmt.

Der weitere Rennverlauf gestaltete sich weniger erfreulich für Sauveur Bilongue, und in der nächsten Etappe gab er auf. Aber – man hatte über ihn im Radio gesprochen!

Den Ruhmesabdruck seines Rennfahrertrikots noch sichtbar auf der stolz geschwellten Brust, erschien Bilon-

gue am darauffolgenden Samstag im städtischen Schwimm-
bad von Saint-Céron.

Paul Tamburin stand in diesem Moment auf dem Drei-
meterbrett, um Josyane, die sich in der Sonne räkelte, mit
einem geschraubten Hechtsprung zu beeindrucken. Als
er gerade wippte, um sich zum Absprung hochzuschnel-
len, brauste Beifall für den Champion auf, und Tamburin
schaute sich unwillkürlich um, knallte aufs Sprungbrett
zurück und zog sich eine böse Knöchelstauchung zu.

Drei Monate später heirateten Bilongue und Josyane.
Und ein Jahr darauf ehelichte Tamburin die junge Krankenschwester, die sich aufopfernd um seine Verletzung ge-
kümmert hatte. Der alte Forton hatte sich unterdessen ganz
fürs Angeln entschieden und sein Geschäft übergeben. Paul
Tamburin war rundum zufrieden. Er liebte seinen immer
tadellos gebügelten Blaumann, er liebte seinen immer
wohlgefüllten Henkelmann, und er liebte seine Frau Madeleine, die im Haushalt mindestens so kompetent war wie
als Krankenschwester. Sie betrachtete es als Zeichen seiner
besonderen Zuneigung und Rücksichtnahme, dass er zu
Fuß zur Arbeit ging, denn sie fürchtete nichts so sehr wie
Fahrradunfälle, die in letzter Zeit wegen des zunehmenden
Autoverkehrs immer häufiger geworden waren. Auf dem
Weg in die Werkstatt kaufte sich Paul Tamburin ein frisches
Brot, das er über alles liebte, und wenn wir einmal von den
üblichen existenziellen Sorgen und metaphysischen Ängsten absehen, die einen jeden Menschen plagen, so können
wir sagen: Er war ein glücklicher Mensch.

Eines schönen Morgens, als er gerade die abgefahrenen
Reifen seiner ehemaligen Volksschullehrerin aufpumpte,

kam ein Neuer daher. Er hielt einen Schalthebel nebst gerissenem Kabel in der Hand, stellte sich vor und sagte: »Ich habe ein Problem.«

Er machte einen sympathischen Eindruck. Tamburin reparierte ihm gleich seine Gangschaltung. Der Mann hieß Henri Feigenblatt.

Henri Feigenblatt war Fotograf. Er hatte sein Geschäft unter den Arkaden am Marktplatz eröffnet und sich in kürzester Zeit mit bemerkenswerten Porträtfotos einen Namen gemacht – so etwa dem Porträt von Irene Safran-Lusthold, die Blumen liebte, von Dr. Max Lenterich, der Bücher liebte, oder von Regina Kriegnitz, die Hunde liebte.

Tamburin und Feigenblatt sahen sich gelegentlich, sprachen dann und wann miteinander, und mit der Zeit ergab es sich, dass sie Freunde wurden. Regelmäßig gegen sechs Uhr abends kam der Kunstfotograf, seine unzähligen Taschen gefüllt mit Notizen und Filmrollen, beim Fahrradmechaniker vorbei, und die beiden plauderten und philosophierten über Gott und die Welt.

Gelegentlich überkam Paul Tamburin ein Gefühl von Dankbarkeit. Hatte es das Leben nicht wahrlich gut mit ihm gemeint? Madeleine war eine Ehefrau ohne Fehl und Tadel; sie hatte ihm, wie man so schön sagt, zwei Kinder geschenkt, entzückende Kinder, die in der Schule gute Figur machten; er, Tamburin, genoss in seinem Metier das höchste Ansehen; und nun hatte er auch noch einen wunderbaren Freund in Henri Feigenblatt, welcher sich seinerseits des besten Rufs erfreute, denn schon sehr bald sagte man in der ganzen Gegend zu einem Foto nicht mehr »Foto«, sondern einfach »Feigenblatt«. Nun aber geschah Folgendes: Eines

Abends kam Feigenblatt und machte einen Vorschlag. Es ging gerade ein Gewitter nieder, aber selbst der gleißende Widerschein eines enormen Blitzes auf Lenkern, Klingeln, Chromspeichen, Pedalen, metallenen Trinkflaschen und Fahrradrahmen konnte Tamburin nicht annähernd so stark beeindrucken wie dieser Vorschlag. Feigenblatt schlug nämlich vor, seinen Freund zu fotografieren, wie dieser gerade Tamburin fuhr.

Und er zeigte ihm ein Foto des Ortes, den er für das Bild ins Auge gefasst hatte: den sogenannten Dürrholzhang mit seiner halsbrecherischen Straße, die talseits ihre Begrenzung in einem schluchtartigen Abgrund fand, in dessen tiefer Ferne man Felder und Äcker erahnte, und die bergseits von dichtem, feindseligem Dornengestrüpp umwuchert war. Am besten wäre es, so führte Feigenblatt mit der Emphase des wahren Künstlers aus, wenn es gerade geregnet hätte und sich herrliche Spiegelungseffekte von Mensch und Maschine auf dem nassen Asphalt ergäben. Das Doppelbild von menschlichem Erfindergeist (symbolisiert durch das Fahrrad) und menschlicher Kühnheit (symbolisiert durch Tamburin vor dem Hintergrund der wilden Landschaft) würde sich zu einem Symbol des unbändigen menschlichen Freiheitswillens schlechthin verbinden.

Tamburin gab zu bedenken, dass er seiner Frau gewissermaßen stillschweigend versprochen habe, auf das Fahrradfahren zu verzichten, doch selbst Madeleine ließ dieses Argument nicht gelten. Feigenblatt mache doch wunderbare Fotos, sagte sie, und keinesfalls wolle sie als Xanthippe dastehen wie beispielsweise Frau Zwiesel, die ihren Mann zwingen wollte, sein Geschäft zu verpachten, weil er seiner weiblichen Kundschaft angeblich allzu häufig und allzu tief in die schönen Augen schaute, oder wie Frau Pfaundler, die den Metzger wegen erhöhter Cholesterinwerte radikal auf Fisch gesetzt hatte. Außerdem komme auf der abgelegenen Dürrholzhangstraße so gut wie nie ein Auto vorbei.

Tamburins Gemüt verfinsterte sich. Er war nervös und fahrig geworden. Ein paarmal unterliefen ihm Fehler bei der Montage von Lampen oder Lenkstangen. Madeleine ging zu Feigenblatt und klagte: »Er ist überarbeitet. Er müsste mal raus an die frische Luft.«

Und außerdem hätte sie zu gerne dieses Foto gehabt, das Foto von ihrem Paul in voller Fahrt auf seinem Tamburin!

In einem geschickten diplomatischen Schachzug hatte Feigenblatt zunächst einmal ein ganz hervorragendes Porträt von Madeleine gemacht. Begeistert zeigte sie es ihrem Mann: »Findest du nicht, dass aus dem Kontrast zwischen der kühlen Atmosphäre des Behandlungszimmers und diesem weichen Hintergrund des Blattwerks eine Symbolik spricht, die ...« – »Symbolik!«, brüllte Tamburin. »Hör mir auf mit dem Symbolikquatsch!« Und sie hatten den ersten

Krach in ihrer achtjährigen Ehe. Madeleine sprach tagelang kein Wort mehr mit ihm.

An einem Sonntagmorgen sagte sie knapp: »Da! In dem Rucksack ist ein Picknick. Hol dir ein Fahrrad! Feigenblatt kommt um zehn Uhr vorbei, um mit dir loszufahren. Raus mit dir an die frische Luft, du bist ja unerträglich geworden!«

Zehn Minuten vor zehn kam Feigenblatt angeradelt. Vor Freude drehte er eine Ehrenrunde.

Tamburin schlug vor, zunächst ein Stück zu Fuß zu gehen, »zum Aufwärmen«, wie er sagte. Feigenblatt war einverstanden. In seiner Hochstimmung wäre er mit allem einverstanden gewesen. Das Einzige, was er kategorisch abgelehnt hatte, war Tamburins Anregung, sich auf dem berühmten Dreirad seiner Jugendzeit fotografieren zu lassen. »Unmöglich«, sagte er, »ich will doch kein Witzfoto machen, sondern ein künstlerisch anspruchsvolles Bild!«

Tamburin zog das Zu-Fuß-Gehen in die Länge und hoffte auf irgendein Wunder: auf sintflutartige Wolkenbrüche, auf einen himmelverdunkelnden Einfall von Riesenheuschrecken, auf einen alles erstickenden apokalyptischen Nebel. Er hasste Feigenblatt und seine Fotografenjacke mit den unzähligen Taschen und den unzähligen Filmrollen darin. Manchmal ließ er sich zurückfallen und zog dann plötzlich wieder strammen Schritts an ihm vorbei, um ihn auf diese Weise zu zermürben. Er verfluchte den Tag, an dem sie sich kennengelernt hatten. ›Lieber hätte ich mir damals ein Bein gebrochen, als ihm zu begegnen‹, dachte er. Und die Tatsache, dass ihm ein ebensolcher Beinbruch womöglich unmittelbar bevorstand, war auch nicht geeignet, seine düstere Stimmung zu heben.

Erst nachdem er (der sonst nie trank) zum Picknick eine ganze Flasche schweren Rotweins in sich hineingeschüttet hatte, wurde aus seiner Verbitterung nach und nach ein trüber, wurstiger Fatalismus.

Er machte eine ziemlich ausgedehnte Siesta. Ihm träumte sogar, dass alles, was ihm da zustieß und noch bevorstand, nur ein Albtraum sei. Feigenblatt wurde allmählich unruhig, denn das Licht begann schon nachzulassen. Schließlich weckte er Tamburin auf, der immer noch tat, als würde er tief schlafen. Und dann stand Paul Tamburin, vom Alkohol noch schwer benebelt und ohne recht zu wissen, wie überhaupt er da hinaufgekommen war, ganz alleine oben auf der Kuppe der Dürrholzhangstraße. Weit unten stand Feigenblatt. Er war verärgert. Denn noch am Morgen hatte es geregnet, unterdessen aber war die Straße abgetrocknet. Mit den ersehnten Spiegelungseffekten würde es also nichts mehr werden, bloß weil er seinen Freund so lange hatte trödeln lassen. »Also los jetzt!«, rief er ungeduldig hinauf, »du kannst losfahren!« Und Tamburin rief zurück: »Wohin denn?«, und begann dämlich zu lachen und fügte wohl auch noch in kläglichem Ton hinzu: »Ich kann doch gar nicht radfahren!« Feigenblatt war am Ende seiner Geduld. »Wie witzig!«, brüllte er, »aber das macht nichts, du bist ja mit einer Krankenschwester verheiratet!«

So bestieg denn Tamburin sein Rennrad. Er tat es wie in Trance. Die beiden Bremshebel hielt er krampfhaft fest angezogen. Ein sonderbar giftiges Licht drang durch die Wolken. Er dachte: ›Heute hat sich alles gegen mich verschworen – jetzt fängt's auch noch zu regnen an‹, und er hörte Feigenblatt von unten rufen: »Mach schon, los! Es fängt jeden Moment zu regnen an!« Und da ließ er die Bremshebel los.

Wer erinnert sich nicht an jenes legendäre Foto, das damals durch die nationale und internationale Presse ging!

Die nächsten drei Monate verbrachte Tamburin im Liegen. Mehrfache Knochenbrüche: Bein, Schlüsselbein, linker Arm (auf der linken Seite war er gelandet), diverse Prellungen etc.

Sein Tamburin war nicht mehr fahrtüchtig. Nachts, wenn er nicht schlafen konnte, traten ihm immer wieder die

gleichen Bilder jenes Sonntags vor Augen: Er sah Feigenblatt vor sich, der ihn mit seinem Fotoapparat im Anschlag
auf halber Strecke erwartete. Manchmal geschah es sogar,
dass er dieselben Worte laut aussprach, die er sich damals
zugeraunt hatte: »Ich falle nicht ... ich falle nicht!«

Bis in jede Einzelheit erinnerte er sich an den Moment,
da er mit aller Macht den Fuß gegen die Fahrbahn stemmte,
um dem entsetzten Feigenblatt auszuweichen, wodurch er
ins Schleudern geriet und von der Straße abkam, die Böschung hinunter, und dabei dachte, wortwörtlich: ›Fabel-
haft, diese schwedischen Reifen – was die aushalten!‹

Und dann war da plötzlich das Gefühl einer großen
Leere in der Brust, wie seinerzeit, als er zum ersten Mal
vom Siebenmeterbrett gesprungen war. Deutlich sah er
einen Schatten – seinen eigenen –, der sich auf dem kleinen
Felsplateau abzeichnete, das die Leute aus der Gegend »das
Kap« nannten. In der Schulzeit waren sie einmal mit der
Klasse hinaufgestiegen, und der Erdkundelehrer hatte davor gewarnt, zu nahe an den Rand zu treten ... ›Diesmal
werde ich einen sauberen Verweis bekommen!‹, war sein
letzter Gedanke.

Madeleine verhielt sich bewundernswert. Ein befreun-
deter Psychologe erklärte ihr, dass manche Männer – besonders solche, die früher intensiv Sport getrieben hätten – in einem gewissen Alter das unabweisbare Bedürfnis
verspürten, sich noch einmal einer extremen Herausforderung zu stellen und sich dabei selbst zu übertreffen. Man
dürfe ihnen das nicht zum Vorwurf machen. Die Sache
habe sogar einen heilsamen Effekt: Diese letzte bestandene
Herausforderung würde es ihnen erleichtern, die Phase

des physischen Kräfteverfalls ohne Neurosen oder Alters-depressionen zu überstehen.

Madeleine wiederholte diese These fast wortwörtlich in einem Fernsehinterview. (Das Fernsehen hielt damals gerade Einzug in die Wohnzimmer Frankreichs.) Man nannte sie daraufhin »unsere kleine tapfere Krankenschwester«, und sie erhielt unzählige Briefe mitfühlender Zuschauer.

Der Winter war diesmal besonders lang und streng in Saint-Céron, kaum auszuhalten – wäre da nicht Feigenblatt gewesen, der auf allgemeinen Wunsch immer wieder seine herz- und gemüterwärmende Geschichte von jenem sagenhaften Sonntag zum Besten gab. Aus aller Herren Länder erhielt er Anfragen nach seinem Foto, und er versandte zahllose Abzüge. Ein Verlag wollte seine Porträts der Einwohner von Saint-Céron als Buch herausbringen, natürlich mit dem legendären Foto auf dem Umschlag.

Jeden Tag besuchte er Tamburin, dessen Genesung überraschend gute Fortschritte machte. Im Frühjahr, etwa zur gleichen Zeit, als Feigenblatts Fotoband unter dem schlichten Titel ›Eine kleine Stadt in Frankreich‹ herauskam, wurde Tamburin aus dem Krankenhaus entlassen. Die Beziehung der beiden Freunde schien aus der überstandenen Katastrophe gestärkt hervorgegangen zu sein (gleichsam wie ein Knochen nach verheiltem Bruch); doch der Schein trog, denn die Gloriole von jugendlichem Leichtsinn, Stolz und Heldentum, von der er sich mit einem Mal umgeben sah, behagte Tamburin ganz und gar nicht. Er weigerte sich hartnäckig, Interviews zu geben, teils aus Bescheidenheit, teils aus Angst, die Wahrheit zu sagen. Denn wer hätte ihm die Wahrheit geglaubt? Würde ihm die Wahrheit nicht vielmehr als kokette Spinnerei und Eitelkeit ausgelegt werden? Und würde sie nicht in jedem Fall ein schiefes Licht auf Feigenblatt, auf Madeleine, ja auf ganz Saint-Céron werfen?

»Im Grunde ist die Sache nichts als eine Riesenschwindelei«, sagte er sich immer wieder, »eine unfreiwillige Schwindelei, das stimmt schon, aber trotzdem: eine Riesenschwindelei!«

Als sie einmal in Feigenblatts Atelier beim Abendessen saßen – Feigenblatt bereitete gerade eine Ausstellung vor –, blätterte Tamburin den Fotoband durch, und abermals fiel ihm der frappierende stilistische Unterschied zwischen seinem Porträt und den anderen Porträts auf: Er, Tamburin, war auf hochdramatische, geradezu reißerische Weise als moderner Ikarus dargestellt, während sich die Bäckersfrau Yvonne, der Gemischtwarenhändler Coignon und all die anderen zurückhaltend, fast statisch still und bescheiden in freundlich heiterer Beleuchtung präsentierten. Gewiss sah er die Notwendigkeit ein, auf dem Umschlag eines Buches ein attraktives Foto abzubilden, aber schließlich … schließlich war er es selbst, um den es sich da handelte! Und wieder stieg das Unbehagen in ihm auf, und er beschloss, Feigenblatt nun endlich reinen Wein einzuschenken. »Hör mal zu!«, begann er mit dem Mut der Verzweiflung (beinahe wie damals auf dem Dürrholzhang, als er die Bremsen löste), »hör zu, Feigenblatt, ich muss dir etwas sagen, um unserer Freundschaft willen … also … dieses Foto … dieses Titelbild, das ist in gewissem Sinne nichts anderes als eine Riesenschwindelei, weil … –«

»Ja«, unterbrach ihn Feigenblatt, »ich weiß. Du hast ja recht. Und du hast ein Recht darauf, dass ich dir nun die

ganze Wahrheit sage über die Tragödie meines Lebens. Hör
zu! – Hier, schau dir dieses Foto an!

Du kennst es natürlich. (Tamburin kam nicht dazu zu wi-
dersprechen.) Es ist von Robert Doisneau, wie du weißt, es
ging seinerzeit durch die gesamte Presse.

Der englische Premierminister auf Staatsbesuch in Begleitung seiner Frau, du erinnerst dich: Es ging um diese
Außenhandelsbilanzfragen zwischen England und Frankreich.

Bei der Ankunft löst sich der rote Teppich von der
Gangway, der Premierminister bricht sich das Handgelenk.
Ich war damals auch dabei …

Und das ist mein Foto. Technisch und künstlerisch ist es perfekt. Hier die gedrängte Menge der schwarzgekleideten Delegierten, dort das kleine Mädchen mit dem Blumenstrauß – das ist alles sehr gut, nur … ich habe das Wichtigste verpasst, den entscheidenden Augenblick.

Oder dieses hier, das kennst du auch, es ist von Cartier-Bresson: Die junge Herzogin von … (Tamburin verstand den Namen nicht) setzt ihre Mokkatasse neben dem Beistelltischchen ab, ihr Ehemann bemerkt es und ist darüber so verblüfft, dass er seinen Kaffee über den Prinzen verschüttet. Das Ganze fand statt bei einem offiziellen Versöh-

nungstreffen der beiden Paare nach diesem großen Skandal, du weißt schon. (Tamburin wusste es nicht und nickte.) Nun, ich … ich war damals auch dabei, und das ist mein Foto. Vom technischen Standpunkt einwandfrei und psychologisch sogar hochinteressant, denn man sieht genau, mit welcher Herablassung die Prinzessin mit der jungen, ganz verschüchtert dasitzenden Herzogin redet. Aber wieder einmal ist es mir nicht gelungen, den entscheidenden Augenblick zu erwischen.

Das sind nur zwei Beispiele, und ich könnte dir noch fünfzig andere zeigen. Meine Tragödie als Fotograf, lieber Tamburin, besteht darin, dass ich immer zu früh oder zu spät auf den Auslöser gedrückt habe – mit einer einzigen Ausnahme: Ich habe deinen fantastischen Sprung im Bild festgehalten. Aber das war, leider, der reine Zufall.

Als du im Zickzackkurs die Straße heruntergerast kamst (übrigens eine unglaubliche artistische Leistung! Ein paarmal habe ich tatsächlich gedacht, jetzt schmeißt es dich), da habe ich dich nicht ein einziges Mal richtig ins Bild gekriegt. Dann bist du auf mich zugeschossen, haarscharf an mir vorbei, und ich drehe mich um, laufe zur Böschung, um zu sehen, wo du hinfährst, sehe dich – und vor Schreck fällt mir der Apparat zu Boden. Es machte ›klick‹, und das Foto war im Kasten – vollkommen ohne mein Zutun.«

Tamburin schwieg. Es war spät geworden, Madeleine würde sich wohl schon Sorgen machen, und Feigenblatt wollte nun allein sein, er hatte vor, am nächsten Tag zu verreisen.

Auf der Straße draußen war es nass und kalt, und Tamburin spürte die Schmerzen in seinem linken Bein. Er musste an die berühmten Reflexeffekte denken, die Feigenblatt an jenem Sonntag so sehr vermisst hatte. Heute hätte er sie *en masse* gehabt, seine Reflexeffekte! Und dann diese Vorahnung, von der er gesprochen hatte! Eine Vorahnung habe er gehabt, dass ihm bei einem Foto von Tamburin auf seinem Tamburin endlich einmal gelingen werde, wonach er sein Leben lang lechzte, nämlich im richtigen Moment auf den Auslöser zu drücken! Und in gewissem Sinne war ihm das ja auch gelungen.

Tamburin spürte, wie sich eine kalte Wut in ihm zusammenballte: Nicht nur hätte er heute um ein Haar sein intimstes Geheimnis verraten – er hatte offenbar auch für einen Nichtskönner sein Leben aufs Spiel gesetzt, für einen Pfuscher, der höchstens Schaufensterpuppen und Plüschtiere fotografieren konnte!

Wochenlang war er missmutig und schlecht gelaunt. Das Wetter blieb nasskalt, er spürte es an seinem Bein. Manchmal kam ihm wohl der Gedanke, dass die ganze Malaise vermieden worden wäre, wenn er Feigenblatt von Anfang an die Wahrheit gesagt hätte. Aber dann gewann die Wut wieder die Oberhand, und als einmal eine Studentin auftauchte, um sich sein Foto signieren zu lassen, und dabei verzückt über die »Symbolik« sprach, die das Bild ausdrückte, da bellte er zurück, sie solle ihn zufriedenlassen mit dem »Symbolikquatsch« – ein Ausdruck, den er immer wieder mit höhnischem Triumphgekicher vor sich hin plapperte, so ähnlich, wie es Kinder tun, wenn sie ein unanständiges Wort aufgeschnappt haben.

Und dann kam das Auto. Ein Geschenk der Fahrradrahmenfabrik Rouvox. (Es war ein Rouvox-Rahmen gewesen, der damals am Sonntag dem gewaltigen Schock des Aufpralls standgehalten hatte!) Tamburin wollte zunächst nichts davon wissen, aber dann lagen ihm Madeleine und die Kinder derart in den Ohren, dass er es schließlich annahm. Das Auto wurde mit großem Pomp übergeben. Madeleine war stolz auf ihren Paul. Das ganze Tamtam von Presse, Fotografen und Interviews schmeichelte ihr ungemein – was menschlich ist. Schon seit ihrem ersten Fernsehauftritt war sie von den Ärzten mit größerem Respekt behandelt worden, und bei den Patienten hatte es sich eingebürgert, zu der Spritze, die sie sich von ihr geben ließen, nicht mehr »Spritze«, sondern »Madeleine« zu sagen. Selbst auf die Kinder fiel der Abglanz des Ruhmes. Sie waren in den Augen ihrer Lehrer Kinder eines Idols, was sie zu noch besseren schulischen Leistungen anspornte.

Das Auto war ihm anlässlich eines Radrennens übergeben worden, das die Stadt Saint-Céron mit freundlicher Unterstützung (man sprach damals noch nicht von »Sponsorentum«) der Rahmenfirma Rouvox veranstaltete. Selbstverständlich war es Tamburin, der den Startschuss gab. Feigenblatt war immer noch auf Reisen. Seine Abwesenheit wurde allseits bedauert. »Du brauchst nur dein eigentliches Geheimnis für dich zu behalten«, dachte Tamburin, »und schon verbreitest du Glück und Wohlstand und Zufriedenheit.« Doch seine Stimmung blieb gedrückt.

Nach den Feierlichkeiten sagte Madeleine: »Ich weiß, was dir fehlt. Feigenblatt geht dir ab.« Und als er erwiderte: »Lass mich bloß in Ruhe mit diesem Nichtskönner!«, fügte sie hinzu: »Du genierst dich ja nur, es zuzugeben.«

Er versuchte, seinen anhaltenden Trübsinn zu vertreiben, indem er sich vor Augen hielt, wie viele Vorteile er doch der einfachen Tatsache verdankte, dass er nicht radfahren konnte und dass er seine Unfähigkeit nie eingestanden hatte! Aber diese autosuggestive Methode funktionierte nicht …

Eines Abends, als er an einem Tretlager herumbastelte, stand plötzlich Feigenblatt da. Zwei Monate war er weg gewesen. Einen Moment lang schauten die beiden sich schweigend an. Dann, als Feigenblatt gerade anfangen

wollte, etwas zu sagen, platzte es aus Tamburin heraus: »Ich muss dir etwas sagen! Was ganz Wichtiges, pass auf: Ich habe in meinem ganzen Leben ... und zwar niemals ... und das ist ein großes Geheimnis, verstehst du ... ich ... ich bin einfach unfähig, mich auch nur fünf Sekunden lang auf einem ... –«, und seine schlechte Laune war mit einem Mal wie weggeblasen, und er wollte lachen, und er lachte tatsächlich, und unter Lachen stammelte er weiter: »Ich kann ... ich kann einfach nicht auf einem ... – ist das nicht wahnsinnig komisch? – ... Ich, Paul Tamburin, kann nicht ...« Und er lachte immer lauter, bog sich vor Lachen, und auch Feigenblatt fing nun an zu lachen, denn ganz allmählich ging ihm ein Licht auf.

ALEX RÜHLE

Er frisst Kilometer, sie isst Oliven

Was ist eigentlich so toll daran, immer vorauszufahren?
Und wozu braucht man nutzlose Tontellerchen? –
Eine Radtour durch Südfrankreich

Als Gott sprach, es werde Licht, muss er sich gerade in dieser Ggend aufgehalten haben. Da er noch niemanden groß dabei stören konnte, experimentierte er zügig drauf los, versuchte sich morgens über Carcassonne an milden Blauschimmern, goss verschwenderisches Mittagslicht auf die tannendunklen Cevennen, ließ am Nachmittag ein kalkweißes Hitzelicht auf die Hügel der Corbières brennen und machte abends überm Mittelmeer noch in schwülem Orange rum. Bis er irgendwann so eine Art Sechzigwatt-durchschnittsbeleuchtung hinkriegte, die er dann flächendeckend rund um den Globus, der damals noch eine Scheibe war, schickte. Und er sah, dass es gut war, und erschuf Mann und Frau.

Ein Sommertag im Pleistozän. In Deutschland rackern sich mufflige Wilde bei Regen in dunklen Höhlen ab, Bayern ruht tief in den Falten irgendeiner Eiszeit, in Südfrankreich aber ist Markt im warmen, milden Mittelmeerlicht. Die Frauen verkaufen zartes Bisentfleisch und Rheumadecken vom Säbelzahntiger, die Männer spielen Knochenboule, und nachmittags gehen sie in ihre Zweiraumhöhle in Lascaux oder Pech Merle und malen an die Wände, was sie angeblich so erlebt und erlegt haben: So groß war das Mammut, ich schwör's euch.

Eigentlich hat sich nicht viel verändert: Das Licht ist phänomenal, in Clermont l'Hérault ist Markt, und Männer und Frauen sind auch noch da. »Eingelegte Oliven«, sagt sie, »lecker, da kauf ich eine Tüte.« »Ach komm«, sagt er, »Oliven in den Satteltaschen, da haben wir dann eine Woche lang diese ölige Tüte an der Backe.« »Lieber was an der Backe als nichts im Magen.« Etwas weiter die Straße runter, im »Cafe Clermont«, spielen sie Kim Wilde.

Clermont l'Hérault liegt etwa 40 Kilometer westlich von Montpellier. Ein Provinzstädtchen, nichts Besonderes, in der Nähe gibt es einen Stausee, man macht hier vielleicht notgedrungen Pause, wenn man mit dem Auto auf dem Weg nach Spanien ist. Jedes Mal wenn er in München von dieser Reise träumte – die Karte auf dem Esstisch, Südfrankreich zwischen dem wässrig blassen Blau des Atlantiks und des Mittelmeeres – hüpfte er mit den Augen über diese Stadt einfach hinweg, von Montpellier sollte es gleich nach Westen gehen, Richtung Toulouse, an den Pyrenäen entlang, und dann an den Ozean. Und jetzt? Jetzt sitzen sie schon den dritten Tag in dieser Kleinstadt rum.

Zwei Stunden lang Schweigen

Als sie nördlich vom Lac du Salagou an einer langen, strammen Steigung plötzlich nicht mehr konnte, war er ein paar Minuten lang der konziliante Helfer, der nach kurzem Blick auf die Karte beschloss, dass sie ja nach Clermont fahren können statt achtzig Kilometer weiter, wie er's in seinen Feldherrenplänen vorgesehen hatte. Während sie dann in kleinem Gang an dem hässlichen Stausee mit Blick auf die Autobahn entlangkurbeln, verhärtet er sich mit jedem Kilometer mehr, steigt in den Keller seiner Wut hinab, macht den schweren Deckel über sich zu und sagt zwei Stunden keinen Ton. Nicht dass er das Gefühl hätte, das sei gerecht, aber es ist ihm wurscht. Er merkt, wie es ihn aus der Kurve trägt, ein böse glitzernder Genuss ist dabei, als er sich sagt, na gratuliere, nur zwei Tage Fahrt und schon legt sich ihr Rücken quer. An den Pyrenäen entlang zum Atlantik – grotesk. Er denkt ans Burgund, wo ihre Archillessehne schon mal eine Radtour beendete; sie ärgert sich, dass sie wegen ihrer Schmerzen auch noch ein schlechtes Gewissen haben soll.

Jetzt spazieren sie über den Markt von Clermont, zu der Tüte Oliven sind noch Tomaten, Mortadella und Majonnaise gekommen, als sie an einem Stand, der sich auf kleinteiligen Krusch spezialisiert zu haben scheint, ein paar Tellerchen entdeckt. »Komplett nutzlos«, sagt er. »Die sind sehr wohl nützlich«, sagt sie, »da kann man Oliven reintun.« »Eben.« »Oder so kleine Käsestückchen.« »Eben.« »Eben. Die kauf ich jetzt.«

Ortliebtaschen sind eine erstklassige Erfindung: Sie sind robust, wasserdicht, und es passt viel rein. Das Einzige, was eine Ortliebtasche überfordern dürfte, sind die Packwünsche einer Frau. Schon zu Hause haderte sie mit ihrer Tasche, weil sie noch zwei Kleidchen mitnehmen wollte, man weiß ja nicht, ob wir mal ausgehen. »Ausgehen?«, fragte er. »Wir werden ja wohl nicht nur in den Wäldern schlafen und Moos essen«, sagte sie.

Am Abend liegen sie im Hotelzimmer von Clermont, Liverpool siegt im verrücktesten UEFA-Finale der Fußballgeschichte 5:4 gegen Alaves. Da schläft sie längst und träumt, dass sie mit dem Fahrrad Telegrafenstangen hochfahren muss. Der Sonnenbrand in ihrem Nacken ist kupfern nachgebräunt.

»Guck mal«, sagt sie, als sie am nächsten Morgen in Richtung Corbières aufbrechen, »gelbe Vögel mit was Rotem unter den Flügeln.« »Schau mal«, sagt er, »da hinten die Weggabelung, da muss die gelbe Straße in die rote biegen.«

Er fährt ganz gerne ab und zu eine größere Straße; nur für eine Weile; wenn's da schneller geht, warum nicht? »Schneller ist keine Kategorie für den Urlaub«, sagt sie. Sie denkt: Was ist eigentlich so toll daran, jede Steigung im Sitzen hochzufahren? Er denkt: Vielleicht sollte ich doch mal *Die Entdeckung der Langsamkeit* lesen, um zu verstehen, was so beglückend daran ist, nicht vom Fleck zu kommen.

Er lebt in der Stoppuhrzeit: tägliche exzessive Kartenlektüre, minutiöses Kilometerzählen, ganz Südfrankreich wird in seinem Kopf zur Excel-Tabelle, das Glück, jeden Tag einen Knick auf der Michelinkarte zu fahren, die Schönheit der Ferne, alle wie viel Tage haben wir eigentlich Pause gemacht, und was war die längste Tagesetappe?

Sie lebt in der Kinderzeit, trödeln, gurken, gucken. Ist doch egal, wohin. Hauptsache da. Ui, schau mal der Baum. Dass ihre Methode die bessere ist, kommt ihm erst, als sie wieder zu Hause sind.

»Gedächtnis«, so schrieb Vladimir Nabokov in einer seiner Erzählungen, »Gedächtnis ist der lange Sonnenuntergangsschatten der Wahrheit.« Ganz Südfrankreich liegt seit dieser Radtour in den schattigen Räumen ihrer Erinnerung, die von Mondschein triefende weite Wiese über Saint Cirque de la Popie, das alte englische Ehepaar auf dem Campingplatz von Cordes sur Ciel, das morgens zusammen Geige und Bratsche spielte im hohen Gras neben dem Bach … An den weiten Marktplatz von Saint Felix kann auch er sich noch erinnern, die scheckigen Platanen, die silbrig flirrenden Blätter und die verhängnisvolle Einladung zum Cassoulet. »Specialité«, sagt der Wirt, der hier mit seinen Kindern beim Abendessen sitzt, »müsst ihr probieren.« Es stellt sich dann heraus, dass Cassoulet ein Teller fettige Fleischreste mit Bohnen ist, aber wirklich das Perverseste, was aufzutreiben ist an Fleisch. Dann noch lieber die Oliven in kleinen Tellerchen.

Nachts, wenn Gott seinen Farbkasten geschlossen hat, liegen sie meist auf leeren Campingplätzen im kleinen Zelt und versichern einander, das merkwürdige Rascheln ganz in der Nähe sei ja nur der Wind.

Absurd ist es, bei einem Fahrradurlaub die Route über vier Dörfer hinaus zu planen. Man sollte wissen, wo man anfängt und vielleicht die Himmelsrichtung, in die man fährt. Alles darüber hinaus ist nach zwei Tagen Makulatur. Am Sonntag planen sie, nach Westen zu fahren, kringeln Ortsnamen ein, sieben, acht Dörfer weit. Am Montag kommt der Wind aus Westen, und sie fahren genau in die andere Richtung, ans Meer runter, in Richtung Spanien, durch die sanft vor sich hin hügelnden Corbières. Gleißend helles Kalklicht, alles ist hellgrün und gelb, die Sonne und der Wind hauen silbrige Dellen in die Weizenfelder. Ein Renault überholt sie, sonst ist da niemand weit und breit.

Im Fahrtwind eine Essenstüte

Er sagt: »Ach, Aude ist also 11.« – »Was?« »Die Nummernschilder. 11 steht für das Department Aude, 09 für Ariège. L'Hérault war 34.« »Wenn wir wieder zu Hause sind, schenke ich dir ein dickes Buch, in dem nur Zahlen drinstehen.«

Ungefähr 60 Kilometer geht es über die Hügel der Corbières, ruhig hangeln sich die zwei von einem Dorf zum nächsten. An einer Kreuzung gleiten sie über die konvexe Fläche eines Spiegels, zwei braune Gesichter, zwei hoch bepackte Räder, und, aufs Zelt geschnallt, weiß flatternd im Fahrtwind eine Essenstüte, in der wahrscheinlich Oliven sind. Am Horizont macht die Montagne Noire ihrem Namen alle Ehre, die unbefahrene flirrende Straße verengt sich in der Ferne zu einem goldenen Faden, darüber liegen irrsinnige Wolkenkorridore und ein Himmel wie ausgegossene Tinte.

Von dort oben sind nur zwei Farbflecke zu sehen, der hintere rot, der vordere blau, und Gott hört, wie sie denkt, was muss er eigentlich immer vorfahren, und Gott denkt, wie recht sie doch hat und schickt den Mistral durchs Tal, dass er sie schneller nach Leucate schiebt, wo sie die schönste Wohnung in Südfrankreich finden, hoch über den Dächern des Dorfes, am Horizont sieht man das Mittelmeer, und abends kreisen die Mauersegler und später die Fledermäuse um die Fenster. Er sagt, der Mauersegler sei das schnellste Tier der Welt, 320 Kilometer schnell. Blödsinn, sagt sie.

Einige Tage später bekommt er in Carcassonne einen Umsichtsschub und Nächstenliebeflash, wenn du willst, können wir hier gern mal wieder zwei Tage Pause machen. »Nö«, sagt sie, »warum denn hier?« »Dein Rücken.« »Mein Rücken? Das ist sieben Tage her.« Womit sie recht hat. »Na ja, und die Stadt.« »Carcassonne ist keine Stadt, das ist Disneyland mit einer Ritterburgenmauer drum rum.« Womit sie noch mal recht hat. Und er ein Problem: Wie kann er es einrichten, dass sie zwei Tage bleiben, ohne dass es so aussieht, als blieben sie nur hier, damit er in einer der Bars das Champions League-Finale sehen kann?

Der Soundtrack für die Verfilmung der Reise müsste ein Achtzigerjahremix sein, sagt sie. In der Bar von Leucate spielen sie Kim Wilde, Brian Ferry, Joe Cocker, in Carcassonne spielen sie dieselben Lieder in anderer Reihenfolge, in Lautrec kommt Van Morrisson dazu. »Vielleicht haben die hier nur eine Kassette, und die leihen sie sich reihum«, sagt sie.

Im kurzen Sonnenuntergangsschatten seiner Reiseerinnerungen haben ein Jahr später die Tage des Trödelns eine viel schärfere Kontur als alle Fahrerei: Wie sie am Canal du Midi den Amerikanern beim Anlegen ihrer Spielzeughausboote zuschauen. »Schifffahren im Laufstall« nennt sie das Gekasper: Die Amerikaner verrichten die kinderleichten Handgriffe mit einem Ernst, als müssten sie eine B52 startklar machen; wie sie die Südfranzosen in Montpellier taxieren, die in ihrem Ökochic allesamt aussehen, als kämen sie gerade vom Fensterladenanmalen oder Weinverkosten. Und die drei Tage in Clermont l'Hérault.

Am Ende ist die Michelinkarte, an der er vor der Reise

seinen schnurgeraden, strammen Durchmarsch vom Mittelmeer zum Atlantik geplant hatte, bunt bemalt. Zum einen ist da die Route festgehalten, die sie ohne Ziel durch den Süden geführt hat. Sie hat außerdem ihre Zeichen eingetragen, gelbe Banane für die Rastplätze, eine blaue Tasse für die Kaffeepausen, ein oranges Haus oder Zelt für die Übernachtungsorte, und eine dicke Sonne »für die allerschönsten Strecken«, wie sie sagt. Fast über der ganzen Route strahlt die Sonne.

Vier Frauen auf dem Fahrrad

Ich bin in Israel nie Fahrrad gefahren, obwohl ich da relativ lange gelebt habe. Was ist relativ lang? Lang genug, um dort Fahrrad zu fahren, um sich eins anzuschaffen, es hätte sich, aus zeitlicher Sicht, gelohnt. Das fällt mir erst jetzt auf, wenn ich Fahrrad zu denken versuche, weil ich versprochen habe, über das Fahrradfahren zu schreiben, aber immer nur Israel und Palästina, immer nur Krieg denken kann. Vom Tee, den ich trinke, wandern meine Gedanken zum Nahen Osten, von den gelben Herbstblättern vor meinem Fenster, obwohl sich im Herbst schwer an den Nahen Osten denken lässt, immerzu kriecht er in die Gedanken hinein. Ich sehe Sand, Staub, rieche die drückende Hitze. Vom Fahrrad, über das ich zu schreiben versuche, wandern sie zu den Kindern, deren Lärm ich durchs Fenster höre, weil die Grundschule nebenan wohl Pause hat. Von da zu den Kindern, die gerade in Gaza sterben, und den Kindern, die in Israel gekidnappt und getötet wurden, sie haben meist dunkle Haare. Sie sind die Hitze gewohnt, mehr als ich.

Ich wollte darüber schreiben, wie mein Vater Fahrrad fahren lernte. Um genau zu sein, wollte ich darüber schreiben, wie er nicht Fahrradfahren lernte. Wie er auf dem Hügel neben dem Asylantenwohnheim stand und es eben nicht lernte, und wie ich nicht mehr weiß, was mit dem

Fahrrad passierte, auf dem er es zu lernen versuchte. Ich glaube, ich bin beinahe sicher, dass es weiß war, das Fahrrad, auf das er so wütend war.

Ich wollte über mein russisches Fahrrad schreiben, an dessen Farbe ich mich nicht erinnern kann, sonderbarerweise. Aber das meiner Mutter war rot. Es hieß »Kama«. Und wenn ich größer wäre, würde ich es eines Tages erben, das rote Fahrrad meiner Mutter, das im Gegensatz zu meinem klappbar war. Als ich größer wurde, groß genug für das rote »Kama«, lebten wir bereits in Deutschland. Ich habe nie das Fahrrad meiner Mutter geerbt, leider. Aber einmal durfte ich es alleine auseinanderklappen.

Ich wollte über mein erstes Fahrrad in Deutschland schreiben, das ein türkischer Mann meiner Großmutter für mich schenkte, obwohl sie keine gemeinsame Sprache hatten, in der sie sich hätten unterhalten können, diese beiden älteren Menschen. Sie kannten sich noch nicht einmal beim Namen. Sie trafen sich beim täglichen Spaziergang, nickten sich freundlich und lächelnd zu. Ein paarmal begleitete ich meine Großmutter, »Enkelin«, sagte meine Großmutter und zeigte auf mich, als wir ihren Bekannten trafen. Er nickte mir zu, lächelte freundlich. Ein paar Tage später brachte er meiner Großmutter ein gebrauchtes Fahrrad, wiederholte das Wort »Enkelin«, meine Großmutter schob es zu uns nach Hause, lehnte es an die Wand. »Komm runter, schau mal, was ich dir mitgebracht habe«, rief sie, als sie atemlos die Wohnung betrat.

Worüber ich nicht schreiben wollte, war, wie meine Mutter meinem Sohn das Fahrradfahren beibrachte. Auf dem kleinen grünen Fahrrad, das wir bei Ebay ersteigert hatten. Sie musste sich bücken, um ihn anzuschieben, und sie lachte laut und ungläubig, als er sie nicht mehr brauchte und einfach alleine fuhr. Ich war in England, als sie mir ein Video schickte, von meinem Sohn, der ohne Stützräder Fahrrad fährt. Ich konnte ihr Lachen hören.

Ich wollte über Menschen schreiben, für die ein Fahrrad keine Selbstverständlichkeit ist. Über die Hierarchie zwischen Fahrrädern und diesen Menschen, wie vorsichtig sie den Lenker umklammern, über das Wunder, das geschehen ist, wenn sie aufgestiegen und losgefahren sind. Dass sie es nicht wagen, eine Kontrolle über das Fahrrad zu denken. Über Fahrradhelme wollte ich ebenfalls schreiben. Dass sie eine eigene Ausstrahlung haben, die Zugehörigkeit zu einer Gruppe demonstrieren, dass sie mehr sind als nur ein Helm.

Ich hatte auch überlegt, die Geschichte eines Fahrrads zu erzählen. Es wäre eine sehr fiktive Geschichte. Ich könnte Protagonist:innen, die sich nie begegnet sind, durch dieses eine Fahrrad, das von Hand zu Hand wandert, einmal vererbt, einmal verkauft, einmal geklaut, einmal geliehen und so weiter, miteinander verbinden. Ich könnte Linien zwischen Leben zeichnen, es wäre vielleicht ein halber Roman, quer durch gesellschaftliche Schichten.

Ich hatte dieses Bild im Kopf, von diesem kleinen Jungen, er steht vor einem großen, schwarzen Fahrrad. Das Fahrrad ist nicht mehr neu, der Sattel abgewetztes braunes Leder. Hipster-schick, aber davon hat der Junge keine Ahnung, ich schreibe das nur für mich auf als Notiz. Es ist Sommer, die Straße ungepflastert und verstaubt. Tannen am Straßenrand, hohe, werfen ihre Schatten, zeichnen Zebrastreifen auf den Boden. Der Junge hält das Fahrrad, er ist zu klein, um draufzusteigen. Ich habe keine Ahnung, wer der Junge ist, ich hätte es gerne im Schreiben herausgefunden. Er trägt ein gestreiftes T-Shirt, die Streifen grün-weiß. Sandflecken auf dem T-Shirt, wo hat er vorher gespielt? Warum sind keine anderen Menschen in dieser Straße? Warum denke ich, dass es in dieser Geschichte noch einen Onkel gibt?

Anstatt über diesen Jungen zu schreiben, anstatt über meinen Vater zu schreiben, anstatt über den alten türkischen Mann zu schreiben, der mir ein Fahrrad durch meine Großmutter schenkte, gebe ich in die Suchmaschine »Fahrrad« und »Gaza« ein. Finde einen alten Artikel in der *New York Times* von 2016, in dem es um vier Frauen geht, die in Gaza Fahrrad fahren. Kaum jemand dort, insbesondere die Hamas nicht, findet das gut. Die Journalistin, die diesen Artikel schrieb, lebt, so die *New York Times,* in Ostjerusalem und berichtet über Themen, die das Leben der Paläsinenser:innen betreffen sowie den Nahen Osten im Allgemeinen. Wo ist sie jetzt, frage ich mich, aber zwinge mich, mit dem Recherchieren aufzuhören.

Über diese vier Frauen will ich sofort schreiben. Ihre Geschichten erfinden, und wie sich die Lenkräder unter ihren Händen anfühlen. Welche vorausfährt, und welche die Augen senkt, als sie an den Jeeps der bewaffneten Hamas-Kämpfern vorbeifahren, die der Artikel beschreibt. Über den Bruder einer der Frauen, der ihr das Fahrradfahren beibrachte. Über den Moment, in dem er zum ersten Mal den Gepäckträger losließ, an dem er das Fahrrad zum Stabilisieren gehalten hatte. Oder lasse ich diesen bedeutsamen Moment beim Erzählen mit Absicht weg, überlasse ich ihn jenen, die den Text lesen? Über die Morgensonne würde ich schreiben, weil es im Artikel heißt, die Frauen würden im Morgengrauen fahren, wenn alles noch schläft. Über die rote Sonne, wie ich sie nur aus dem Nahen Osten kenne, obwohl es sie sicherlich auch an anderen Punkten der Erde so zu sehen gibt. Wenn ich den Nahen Osten vermisse, dann immer als Erstes die Gerüche und das rote Sonnenlicht, diese märchenhafte Farbe.

In der Sowjetunion, wo ich aufwuchs, war das Fahrrad kein Fortbewegungsmittel, zumindest nicht in der Großstadt. Auf den teils zehnspurigen Straßen gibt es in meiner Erinnerung keine Räder. Und es gibt sie auch nicht in allen Jahreszeiten, nur im Sommer. Fahrräder gehören in meiner Erinnerung auf die Datscha, wo die Sonne nie untergeht, so will ich mir diese Sommer merken. Bestehe mit Nachdruck darauf, mich nur an Freiheit und Kindheit in den kitschigsten Farben zu erinnern, an ein Bullerbü-Leben inmitten von Mangelwirtschaft, während mir meine Eltern und kluge Bücher erzählen, wie es tatsächlich war. Während sie mit meinen Großeltern wie alle anderen ohne fließendes Wasser, mit ihren müden, schmerzenden Händen einen Vorrat an Lebensmitteln für den Winter hochzuziehen und einzulegen versuchten, fuhr ich mit dem Fahrrad zwischen den Datschas umher, in den Wald und Hügel herunter. Entwischte ich gekonnt der mir von der Großmutter auferlegten Jät-Aufgabe. Stibitzte ich heimlich Zwieback und transportierte ihn auf dem Fahrrad zu meinen Freund:innen, die an unserem Geheimversteck im Wald bauten. Wenn ich richtig darüber nachdenke, glaube ich, dass es grün war, mein Fahrrad. Hellgrün, wie Salatblätter ungefähr.

Es wäre jetzt an der Zeit zu erklären, dass es in der Sowjetunion keine große Auswahl an Fahrradmodellen gab, es gab jeweils ein Standardmodell in jeder Größe. Einmal für Männer und einmal für Frauen, man kannte die Modelle beim Namen. Das meiner Mutter hieß »Kama«, alle »Kamas« waren rot. Die Frauen, die in Gaza Fahrrad gefahren sind, über die ich in der *New York Times* gelesen habe, sind auch in einem anderen Land. Sie scheinen mir näher als meine Mutter in unserem, wie sie sagen würde, früheren Leben. Sie scheinen mir ganz nah, ich könnte, ich müsste sie umarmen. Ich müsste sie an mich drücken, oder es wäre andersherum, sie drückten mich an sich, sodass ich in ihren Kleidern, in ihren Hälsen verschwinde. Sodass alles kurz anhält, kurz wäre da endlich Stille. Ich könnte sie beschreiben, könnte ihre Stimmen hören, könnte meine Hand ausstrecken, um über ihre Wangen zu fahren, liebevoll. Ich glaube, eines der vier Fahrräder ist bestimmt knallrot.

Ich könnte sie schreiben, aber ich glaube, dass ich das nicht darf. Ich darf sie mir nicht ausdenken, während auf den Straßen, auf denen sie Fahrrad gefahren sind, Bomben fallen, während dort Menschen sterben, während ich mich nicht zu fragen wage, ob sie am Leben sind. Diese vier Frauen, die ich bis vor wenigen Stunden nicht kannte. Ich lese sie im Internet, umarme sie in Gedanken, kann ihre Geschichten hören, die sie mir erzählen, wenn sie am Wegesrand sitzen, die Fahrräder an der Seite abgestellt. Darf ich sie mir hierher dichten? Für wen? Darf ich das nicht, weil ich sie, ihr Leben nicht kenne? Oder darf ich das nicht, weil ich Jüdin bin?

In Deutschland angekommen, wunderten wir uns über

all diese Menschen, die Fahrrad fuhren. Morgens, offensichtlich zur Arbeit, mit Aktentaschen um die Schulter gehängt. Die Kinder in den neonleuchtenden Fahrradhelmen. Die Fahrradwege, jemand hatte sich Mühe gemacht, weiße Fahrräder auf die Wege zu zeichnen in diesem wundersamen, sauberen, verwirrenden Land. Die ersten Fahrräder im Asylanten-Wohnheim, in dem wir lebten, stammten vom Flohmarkt. Das Ziel war es, Fahrrad zu fahren wie die Deutschen. Das heißt nicht nur im Sommer, und auch nicht auf der Datscha, die es hierzulande eh nicht gab. Zur Arbeit fahren, irgendwann in ferner Zukunft, wenn man denn eine Arbeit gefunden hat. Von einer Aktentasche wagte niemand zu träumen.

Mein Vater, der nie Fahrradfahren gelernt hatte. Jahrgang 1940, als er Kind war, ging es um andere Themen als ums Fahrradfahren. Aber in Deutschland schon, auf den Feldern, hinter der Stadtgrenze, das Asylantenwohnheim natürlich am Rande der Stadt. Da, wo es nicht die Augen der Deutschen störte. Zwischen den Feldern, da sieht dich niemand, hatte meine Mutter gesagt. Wie wir alle um ihn herumstehen, meine Mutter, mein Bruder, meine Großmutter und die befreundete Familie aus dem Zimmer nebenan im Wohnheim. Wie wir ihn anfeuern, wie er mich einmal angefeuert hatte, als ich Kind war und Fahrradfahren lernte, jetzt!, du hast es!, fast geschafft!, komm!, noch ein paarmal in die Pedale treten! Wie er das Fahrrad, von dem ich denke, dass es weiß ist, schließlich ins Gras schmeißt, als hätte das Fahrrad Schuld. Und einfach davonmarschiert, das Ganze wird ihm zu unangenehm, zu peinlich. Schon wieder fühlt er sich klein, schon wieder ein

Niemand, wie jeden Tag, seit er hier angekommen ist. Da braucht er nicht noch dieses Fahrradfahren üben. Ich hoffe, dass meine Mutter ihm direkt hinterhergegangen ist, um mit ihm zu reden, aber vielleicht hat sie es auch nicht getan. Vielleicht blieb sie wie ich bei den anderen stehen.

In Tel Aviv sind viele Fahrrad gefahren. Sportliche Menschen, am Meer entlang. Auch zur Arbeit, oder zu Freund:innen oder eben an den Strand. Dieselbe Straße spazierten Soldat:innen entlang, Gewehre um den Hals, ein Eis in der Hand manchmal. Ich versuchte, darüber zu schreiben, dass der Nahost-Konflikt überall ist, er ist im Alltag zu sehen. Als mich ein Freund aus Deutschland besuchte und mit großen Augen über die Omnipräsenz von Waffen stolperte, die ich auszublenden gelernt hatte, wusste ich, dass ich dort zu Hause bin. Zu Hause, ein großes Wort, ich war ständig dabei, dieses Zuhause zu kritisieren. Ich schrieb über dieses Zuhause, es schien mir unmöglich, über eine andere Welt zu schreiben.

Ich hätte vielleicht doch über diesen Jungen schreiben sollen, der das schwarze, alte Fahrrad hält. Er schiebt es geduldig durch die sommerliche Hitze, bis er an einem großen Stein zum Stehen kommt. Er umfasst den Lenker mit einer Hand, während er das Fahrrad umrundet. Dann steigt er auf den Stein, hält nun beide Hände auf dem Lenker. Will er versuchen, sich doch aufs Fahrrad zu setzen? Hat er Angst? Ich glaube, er hält inne. Dann höre ich, wie sein Onkel seinen Namen ruft. Aber der Junge dreht nicht den Kopf in dessen Richtung. Wie er da steht, auf diesem Stein, in der Hitze des Sommers, und wie ich hier, im Herbst, zu schreiben versuche, und wie die Welt zwischen die Worte kriecht.

Ein Erfinder gibt Auskunft

Da ich seit meiner neuesten Erfindung einer möglichst einfachen Fahrmaschine ohne Pferd, oder eines Wagens zu Fuß, so viele Briefe mit weiteren Nachfragen, teils mit Besorgungsersuchungen, erhalten habe, dass mir neben der übernommenen Obsorge für die Letzteren die Beantwortung aller Briefe für jetzt zur Unmöglichkeit wird, so nehme ich mir die Freiheit, den verehrten und hochgeschätzten Verfassern derselben einstweilen meinen Dank und die schuldige Aufmerksamkeit dafür hier auszudrücken, indem ich das Wesentlichste Ihrer Fragen zugleich mit einer Anfrage (in dem Allgemeinen Anzeiger der Deutschen vom 25. August 1817) zu beantworten die Ehre habe.

Die Bequemlichkeiten einer Chaise mit Pferden, in der man ja auch schlafen kann, hat meine Maschine nicht; denn rücksichtlich der Anstrengung ist das Fahren darauf mit dem Gehen zu Fuß oder mit dem Reiten zu vergleichen, und um auf gewöhnlichen Landstraßen vier Stunden Wegs *(rund 13 km)* und im Gebirge zwei *(rund 6 km)* in einer Stunde zurückzulegen, gehört ein gewisser Grad von Fertigkeit und Kraft dazu. Auch ist bei tiefem Kot und Schnee dem Fußgänger nicht viele Kraft dadurch gespart.

Denjenigen aber, welche zweifeln, ob man mit mäßiger Schnelligkeit bei bloß gewöhnlicher Sommernässe und bei trockener Witterung lange anhaltend fahren kann, ohne zu sehr zu ermüden, denen sei hierdurch gemeldet, dass ich diesen Sommer nach mehrtägigem, fast beständig anhaltendem starken Regenwetter, und zwar zum Teil noch während desselben, vier starke Stunden Wegs *(rund 14 km)* in ungefähr zwei Stunden Zeit, und vor etlichen Tagen in zwölf Stunden gegen vierundzwanzig Poststunden *(rund 78 km)* zurückgelegt habe, und dass ich bei der letzten Station dieser Reise durch die Schnelligkeit des Fahrens gezeigt habe, dass ich ohne große Müdigkeit wahrscheinlich in den darauffolgenden zwölf Stunden den nämlichen Weg noch einmal hätte zurücklegen können, wenn es so lange Tag geblieben wäre.

In theoretischer Hinsicht liegt der bekannte Mechanismus des Rades, auf die einfachste Art für das Laufen angewandt, zugrunde. Die Erfindung ist daher in Absicht auf Ersparung der Kraft fast ganz mit der sehr alten der gewöhnlichen Wagen zu vergleichen. So gut ein Pferd auf den Landstraßen, im Durchschnitt, die auf einen verhältnismäßig wohlgearbeiteten Wagen geladene Last viel leichter samt dem Wagen zieht, als ohne ihn die Ladung auf dem Rücken trägt, so gut schiebt ein Mensch sein eigenes Gewicht viel leichter auf einer Maschine fort, als er es selbst trägt. Dieses ist umso mehr der Fall, als man mit dem nur einzigen Geleis sich immer die besten Strecken der Landstraßen aussuchen kann.

Die Schnelligkeit der Maschine gleicht auf ebenen harten Wegen fast ganz der des Schlittschuhfahrens, indem die Grundgesetze übereinkommen. So schnell man nämlich im Stande ist, den Fuß einen Augenblick hinauszustoßen, so schnell geht es während dem Ausruhen fort. Bergab aber werden die besten Pferde auf langen Strecken übertroffen, und doch mit größerer Sicherheit gegen Unglücksfälle, da man mit den Füßen zum Anhalten beständig bereit ist.

Was nun eine Anfrage im Allgemeinen Anzeiger der Deutschen: »Könnte man nicht baldmöglichst erfahren, ob, wo und wie teuer man die Laufmaschine schon fertig erhalten, oder wenigstens den Riss, oder ein Modell dazu gegen Vergütung bekommen könne?« selbst betrifft, so muss ich bemerken, dass ich zur weiteren Ausführung dieser und anderer Ideen Erfindungspatente für deren ausschließenden Gebrauch in meinem Vaterlande und in anderen Staaten suche.

Darüber soll aber das Gute und Angenehme der Sache nicht aufgehalten werden. Ich nehme daher, meinem früheren offenen Benehmen in diesem Sommer gemäß, keinen Anstand, eine nähere Beschreibung der Maschine und Behandlung mit der nötigen Abbildung, die gegenwärtig samt der fahrenden Figur in Kupfer gestochen wird, im Oktober des Jahres *(1817)* herauszugeben. Mein weiteres Interesse soll in den zweiten Rang gestellt sein, und ich hoffe, eben dadurch die willige Teilnahme des Publikums mir zu gewinnen. Aber so gut als ein Schriftsteller gegen den Nachdruck sich erklärt, will ich einstweilen mein Eigentum der Sache gegen das Nachmachen ohne meine erworbene Einwilligung verwahren, jedoch biete ich zugleich einen Ausweg an, indem ich das Zartgefühl *(heute: Fairness)* der Verkäufer und Käufer von solchen Maschinen, welche nach meiner Erfindung gearbeitet werden wollten, dafür anspreche, dass für jedes neu entstehende Exemplar mein Zeichen, bestehend in einem silbernen Plättchen mit meinem Wappen und der fortlaufenden Nummer etc. gegen einen vollgewichtigen Carolin oder zwei Dukaten oder elf Gulden Rheinisch, allenfalls in Wechsel auf Frankfurt am Main, als Honorar bei mir selbst eingelöst und sichtbar vorne an der Maschine durch Schrauben befestigt werde. Ich hoffe, dass mir von allen Gebildeten dieser Wunsch gewährt wird, um meine unaufgehaltene Mitteilung und Edelmut zu erwidern. Ich verspreche dagegen, dass diese hier beschriebenen Zeichen für die Dauer meiner ganzen zu hoffenden Privilegienzeit gelten sollen, und erbiete mich, jedem eingelösten Zeichen mein gedrucktes Verzeichnis aller früheren Nummern ihrer ursprünglichen rechtmäßigen Eigentümer unentgeltlich beizulegen.

Um indessen zu beweisen, dass diese Maschine nach dem Versprechen des Zeitungsartikels, und zwar mit Einschluss des Honorars für vier Carolin mit Reisetaschen und sonstiger Zubehör dauerhaft und schön hergestellt werden kann, mache ich mir ein Vergnügen daraus, denjenigen, welche mich und die Besorgung nebst übersandtem Wechsel, oder mit Geldvorschuss durch Abrede mit der Post schon ersucht haben, und denen, die es in den nächsten Monaten (denn späterhin könnten vielleicht bevorstehende veränderte Dienstverhältnisse mich abhalten) auf gleiche Art und mit Angabe der Spaltlänge ihrer Beine *(heute: Schritthöhe)* zur Bestimmung der Höhe des Sitzes noch tun, den Bau der Maschine unter meiner eigenen Leitung von geschickten Handwerksleuten machen zu lassen, und selbst für die genaue Arbeit zu sorgen, bis eine Fabrik so eingerichtet ist, dass sie meiner Hilfe nicht mehr bedarf.

Dabei will ich auch sorgen, dass die Fertigungszeit der Maschine, mit Einschluss des Trocknens der Farben, in der Regel nur einen Monat dauert, und dass wenigstens für die in diesem Jahre noch eintreffenden Bestellungen folgende Pränumerationspreise nicht überschritten werden:

A. Eine Beschreibung mit Kupferstich auf dickem oder dünnerem Velinpapier nach der Wahl des Empfängers, I Gulden

B. ein silbernes Honorarzeichen, um die Maschine dazu an einem andern Orte machen zu lassen, II Gulden

C. eine einfache Maschine samt diesem Zeichen, ganz wie es die Zeichnung versprach, und dabei für jeden, der es will, auch mit einer Einrichtung, um einen Mantelsack hinten aufpacken zu können, 44 Gulden

D. eine solche mit der Einrichtung, dass man den Sitz höher oder niedriger schrauben, folglich abwechslungsweise für mehrere Personen von etlichen Zollen verschiedener Größe gebrauchen kann, 50 Gulden

E. eine Maschine mit zwei Sitzen hintereinander, auf der zwei zugleich fahren können, und nach hinlänglicher Übung im Balancieren immer einer fast ganz ausruhen kann, mit zwei größeren ledernen Reisetaschen, und mit der Erhöhungseinrichtung für die Sitze, 75 Gulden

F. eine drei- oder vierrädrige, welche vorne einen gewöhnlichen bequemen Sitz zwischen zwei Rädern, und hinten einen Reitsitz mit der Einrichtung zur abwechslungsweisen Erhöhung und Niederstellung hat, gleichfalls mit dem Honorarzeichen, schön gearbeitet, 100 Gulden

G. eine Kiste, um eine einsitzige Maschine zur Lieferung auf den Postwagen oder sonst wohin gut einzupacken, samt Zubehör, 5 Gulden

H. eine dergleichen für eine zweisitzige, 8 Gulden

Die drei- oder vierrädrigen Maschinen taugen nicht so gut zum Reisen auf den jetzt gewöhnlichen Straßen, haben aber auf ebenen, ganz guten Spazierwegen von gewisser Breite die Annehmlichkeit, dass man auch Damen schnell wie im Rennschlitten darauf fahren kann. Diese haben dabei von keinem Pferde vor sich her und von keinem durch solches erregten Staube zu leiden; sie sitzen tief genug, um nicht zu schwindeln, und überhaupt sehr behaglich mit offenem Gesichtskreis vor ihren Augen.

Noch größere Eleganz etc. wie z. B. ein seidener Schirm gegen Sonne und Regen, so wie auch Vergoldungen etc. sind besonders zu verdingen, und ob diese Preise überhaupt für das andere Jahr etwas fallen oder steigen, wird die Erfahrung zeigen.

Bei dieser Gelegenheit grüße ich alle meine Freunde herzlich und reiche jedermann freundlich die Hand, der unparteiisch sich bestrebt, die Wahrheit zu untersuchen, um das Gute zu befördern.

Die unheimliche Kunst des Radfahrens

Mit siebeneinhalb Jahren lernte ich radfahren. Das war nicht eben früh, denn ich maß schon einen Meter fünfunddreißig, wog zweiunddreißig Kilo und hatte Schuhgröße zweiunddreißigeinhalb. Aber das Radfahren hat mich nie besonders interessiert. Diese schwankende Fortbewegungsweise auf nichts als zwei dünnen Rädern kam mir zutiefst unsolide, ja unheimlich vor, denn es konnte mir niemand erklären, weshalb ein Fahrrad im Ruhezustand sofort umfiel, wofern es nicht gestützt, angelehnt oder von jemandem festgehalten wurde – *nicht* aber umfallen sollte, wenn sich ein zweiunddreißig Kilogramm schwerer Mensch darauf setzte und ohne jede Stütze oder Anlehnung damit herumfuhr. Die diesem wundersamen Phänomen zugrundeliegenden Naturgesetze, nämlich die Kreiselgesetze und insbesondere der sogenannte mechanische Drehimpulserhaltungssatz, waren mir damals völlig unbekannt, und selbst heute begreife ich sie noch nicht ganz, und allein das Wort »mechanischer Drehimpulserhaltungssatz« ist mir nicht geheuer und verwirrt mich derart, dass eine bestimmte Stelle an meinem Hinterkopf zu kribbeln und zu klopfen anfängt.

Wahrscheinlich hätte ich das Radfahren überhaupt nicht gelernt, wenn es nicht unbedingt nötig gewesen wäre. Unbedingt nötig aber wurde es, weil ich Klavierstunden bekommen sollte. Und Klavierstunden konnte ich nur bei einer Klavierlehrerin bekommen, die am anderen Ende von Obernsee wohnte, wohin man zu Fuß über eine Stunde gebraucht hätte, mit dem Fahrrad jedoch – wie mir mein Bruder vorgerechnet hatte – in dreizehneinhalb Minuten gelangen konnte.

Diese Klavierlehrerin, bei der schon meine Mutter Klavierspielen gelernt hatte und meine Schwester und mein Bruder und überhaupt jeder Mensch in der ganzen Gemeinde, der auch nur auf eine Taste drücken konnte – von der Kirchenorgel bis zu Rita Stanglmeiers Akkordeon – ... diese Klavierlehrerin hieß Marie-Luise Funkel, und zwar *Fräulein* Marie-Luise Funkel. Auf dieses »Fräulein« legte sie allergrößten Wert, obwohl ich mein Lebtag kein weibliches Wesen gesehen habe, das weniger fräuleinhaft ausgesehen hätte als Marie-Luise Funkel. Sie war uralt, weißhaarig, bucklig, schrumpelig, hatte ein kleines schwarzes Bärtchen auf der Oberlippe und überhaupt keinen Busen. Ich weiß das, weil ich sie einmal im Unterhemd gesehen habe, als ich aus Versehen eine Stunde zu früh zum Unterricht kam und sie ihren Mittagsschlaf noch nicht beendet hatte. Da stand sie in der Haustür ihrer riesigen alten Villa, nur mit einem Rock und einem Unterhemd bekleidet, aber nicht etwa einem zarten, weiten, seidenen Unterhemd, wie es Damen wohl tragen mögen, sondern mit einem jener enganliegenden, achselfreien Baumwolltrikots, die wir Buben in der Turnstunde anhatten, und aus diesem Turnertrikothemd hingen ihre schrumpeligen Arme, ragte ihr dünner lederner Hals – und darunter war es flach und mager wie eine Hühnerbrust. Trotzdem bestand sie – wie gesagt – auf dem »Fräulein« vor dem »Funkel«, und zwar deshalb, weil – wie sie des Öfteren erklärte, ohne dass sie jemand danach gefragt hätte –, weil die Männer sonst denken könnten, sie sei schon verheiratet, wohingegen sie doch ein lediges Mädchen und noch zu haben sei. Diese Erklärung war natürlich nichts als barer Unsinn, denn den Mann, der die alte, schnurrbärtige, busenlose Marie-Luise Funkel geheiratet hätte, den gab es auf der ganzen Welt nicht.

In Wahrheit nannte sich Fräulein Funkel »Fräulein Funkel«, weil sie sich gar nicht »Frau Funkel« hätte nennen können, selbst wenn sie es gewollt hätte, denn es gab schon eine Frau Funkel ... oder vielleicht sollte ich besser sagen: Es gab noch eine Frau Funkel. Fräulein Funkel hatte nämlich eine Mutter. Und wenn ich zuvor gesagt habe, dass Fräulein Funkel uralt gewesen sei, so weiß ich gar nicht, wie ich Frau Funkel nennen soll: steinalt, beinalt, knochenalt, baumalt, ururalt ... Ich glaube, sie war mindestens hundert Jahre alt. So alt war Frau Funkel, dass man eigentlich sagen muss, sie sei nur noch in einem sehr eingeschränkten Sinn überhaupt vorhanden gewesen, mehr wie ein Möbel, mehr wie ein verstaubter präparierter Schmetterling oder wie eine zerbrechliche, dünne alte Vase als wie ein Mensch von Fleisch und Blut. Sie bewegte sich nicht, sie sprach nicht, wie viel sie hörte oder sah, weiß ich nicht, nie habe ich sie anders als sitzend gesehen. Und zwar saß sie – im Sommer von einem weißen Tüllkleid umsponnen, im Winter ganz von schwarzem Samt umhüllt, aus dem ihr Köpfchen schildkrötenhaft hervorstak – in einem Ohrensessel in der hintersten Ecke des Klavierzimmers unter einer Pendeluhr, stumm, unbewegt, unbeachtet. Nur in ganz, ganz seltenen Fällen, wenn ein Schüler seine Hausaufgaben besonders gut gelernt und seine Czerny-Etüden fehlerlos vorgetragen hatte, pflegte Fräulein Funkel am Ende der Stunde in die Mitte des Zimmers zu gehen und von dort aus zum Ohrensessel hinüberzubrüllen: »Ma!« – sie nannte ihre Mutter ›Ma‹ – »Ma! Komm, gib dem Buben einen Keks, er hat so schön gespielt!« Und dann musste man quer durch das Zimmer in die Ecke gehen, sich dicht vor den Ohrensessel stellen und der alten Mumie die Hand entgegenstrecken. Und abermals brüllte Fräulein Funkel: »Gib dem Buben einen Keks, Ma!«, und dann kam, unbeschreiblich langsam, irgendwoher aus der Tüllumhüllung oder aus dem schwarzen Samtgewand eine bläuliche, zitternde, glaszarte Greisenhand hervor, wanderte, ohne dass die Augen oder der Schildkrötenkopf folgten, nach rechts über die Armlehne zu einem Beistelltischchen, auf dem eine Schale mit Gebäck stand, entnahm der Schale einen Keks, meist einen mit weißer Creme gefüllten, rechteckigen Waffelkeks, wanderte mit diesem Keks langsam zurück über den Tisch, über die Ohrensessellehne, über den Schoß hin zur aufgehaltenen Kinderhand und legte ihn dort mit knochigen Fingern hinein wie ein Stück Gold. Manchmal geschah es, dass sich dabei Kinderhand und Greisenfingerspitzen für einen kurzen Moment berührten, und man erschrak bis ins Mark, denn man war auf einen harten, fischkalten Kontakt gefasst, und es wurde eine warme, ja heiße und dabei unglaublich zarte, leichtgewichtige, flüchtige und dennoch schaudernmachende Berührung wie die eines Vogels, der einem aus der Hand entfliegt. Und man stammelte sein »Dankeschön,

Frau Funkel«, und machte, dass man wegkam, hinaus aus dem Zimmer, hinaus aus dem finsteren Haus, ins Freie hinaus, an die Luft, an die Sonne.

Ich weiß nicht mehr, wie lange ich brauchte, um die unheimliche Kunst des Radfahrens zu erlernen. Ich weiß nur noch, dass ich's mir selber beigebracht habe, mit einer Mischung aus Widerwillen und verbissenem Eifer, auf dem Fahrrad meiner Mutter, in einem leicht abschüssigen Hohlweg im Wald, wo mich keiner sehen konnte. Die Böschungen dieses Weges standen zu beiden Seiten so dicht und so steil, dass ich mich jederzeit abstützen konnte und ziemlich weich fiel, ins Laub oder in lockere Erde. Und irgendwann einmal, nach vielen, vielen gescheiterten Versuchen, fast überraschend plötzlich, hatte ich den Dreh raus. Ich bewegte mich, all meinen theoretischen Bedenken und meiner tiefen Skepsis zum Trotz, frei auf zwei Rädern: ein verblüffendes Gefühl und ein stolzes! Auf der Terrasse unseres Hauses und dem angrenzenden Rasen absolvierte ich vor versammelter Familie eine Probefahrt, wofür ich den Beifall meiner Eltern und das schrille Gelächter meiner Geschwister erntete. Anschließend wies mich mein Bruder in die wichtigsten Regeln der Straßenverkehrsordnung ein, zuvörderst in die Regel, immer strikt rechts zu fahren, wobei rechts als diejenige Seite definiert war, wo sich die Handbremse an der Lenkstange befand,* und von da an

---

* Noch heute halte ich mich an diese einprägsame Definition, wenn ich in einem Zustand momentaner Verwirrung nicht mehr weiß, wo rechts oder links ist. Ich stelle mir dann einfach eine Fahrradlenkstange vor, betätige im Geist die Handbremse und bin wieder bestens orientiert. Fahrräder, die an beiden Seiten der Lenkstange eine Hand-

fuhr ich mutterseelenallein einmal in der Woche zu Fräulein Funkel in die Klavierstunde, mittwochnachmittags von drei bis vier. Freilich, von den dreizehneinhalb Minuten, die mein Bruder zur Bewältigung der Strecke veranschlagt hatte, konnte bei mir gar keine Rede sein. Mein Bruder war fünf Jahre älter als ich und besaß ein Fahrrad mit Rennlenker und Dreigangkettenschaltung. Ich hingegen radelte im Stehen auf dem viel zu großen Fahrrad meiner Mutter. Selbst wenn man den Sattel ganz herunterschraubte, konnte ich nicht gleichzeitig sitzen und in die Pedale treten, sondern nur entweder treten oder sitzen, was zu einer äußerst ineffizienten, ermüdenden und, wie mir bewusst war, auch durchaus lächerlich anzusehenden Fahrweise zwang: Im Stehen strampelnd musste ich das Rad auf Touren bringen, mich bei voller Fahrt in den Sattel wuchten, dort auf schwankendem Sitz mit weit abgespreizten oder hochgezogenen Beinen verharren, bis das Rad fast ausgerollt war, um dann wieder in die noch rotierenden Pedale zu steigen und erneut Schwung zu holen. Mit dieser schubweisen Technik schaffte ich den Weg von unserem Haus, den See entlang, durch Obernsee hindurch bis zur Villa von Fräulein Funkel in knapp zwanzig Minuten, wenn – ja, wenn nichts dazwischenkam! Und Zwischenfälle gab es viele. Es verhielt sich nämlich so, dass ich zwar fahren, lenken, bremsen, auf- und absteigen usw. konnte, nicht aber in der Lage war, zu überholen, mich überholen zu lassen oder jemandem zu begegnen. Sobald nur das leiseste Motorengeräusch

bremse besitzen oder – schlimmer noch! – nur auf der linken Seite, würde ich niemals besteigen.

eines sich von vorn oder hinten nähernden Autos zu hören war, bremste ich sofort, stieg ab und wartete so lange, bis der Wagen passiert war. Sobald andere Radfahrer vor mir auftauchten, hielt ich an und wartete, bis sie vorübergefahren waren. Beim Überholen eines Fußgängers stieg ich kurz hinter ihm ab, rannte, das Fahrrad schiebend, an ihm vorbei und radelte erst weiter, nachdem ich ihn weit hinter mir gelassen hatte. Ich musste eine vollkommen freie Strecke vor und hinter mir haben, um zu radeln, und es durfte mich möglichst niemand dabei beobachten. Schließlich war da noch, auf halbem Weg zwischen Unternsee und Obernsee, der Hund von Frau Dr. Hartlaub, ein widerlicher kleiner Terrier, der sich oft auf der Straße herumtrieb und auf alles, was Räder hatte, kläffend losstürzte. Seinen Angriffen konnte man nur entgehen, indem man das Fahrrad an den Straßenrand lenkte, es dort am Gartenzaun geschickt zum Halten brachte und sich an einer Zaunlatte festklammerte, um mit hochgezogenen Beinen auf dem Sattel kauernd so lange zu warten, bis Frau Dr. Hartlaub die Bestie zurückgepfiffen hatte. Es ist also kein Wunder, wenn mir unter diesen Umständen selbst zwanzig Minuten oft nicht ausreichten, den Weg ans andere Ende von Obernsee hinter mich zu bringen, und so hatte ich es mir zur Gewohnheit gemacht, sicherheitshalber schon um halb drei von zu Hause loszufahren, um einigermaßen pünktlich bei Fräulein Funkel einzutreffen.

Wenn ich vorhin erzählt habe, dass Fräulein Funkel gelegentlich ihre Mutter anwies, Kekse an die Schüler zu verteilen, so habe ich mit Bedacht hinzugefügt, dass das nur in ganz, ganz seltenen Fällen geschah. Üblich war es keineswegs, denn Fräulein Funkel war eine strenge Lehrerin und schwer zufriedenzustellen. Hatte man seine Hausaufgaben schlampig gelernt oder produzierte man beim Vom-Blatt-Lesen einen falschen Ton nach dem anderen, so begann sie bedrohlich mit dem Kopf zu wackeln, wurde rot übers ganze Gesicht, rempelte einen mit dem Ellenbogen in die Seite, schnippte wütend mit den Fingern in der Luft herum und brüllte plötzlich los, wobei sie wüste Beschimpfungen ausstieß. Die schlimmste derartige Szene erlebte ich etwa ein Jahr nach dem Beginn meines Unterrichts, und sie hat mich so sehr erschüttert, dass ich noch heute nicht ohne Erregung an sie zurückdenken kann.

Ich war zu spät gekommen, um zehn Minuten. Der Terrier von Frau Dr. Hartlaub hatte mich am Gartenzaun festgenagelt, zwei Autos waren mir begegnet, vier Fußgänger habe ich einholen müssen. Als ich bei Fräulein Funkel eintraf, lief sie bereits mit rotem, wackelndem Kopf im Zimmer auf und ab und schnippte mit den Fingern in der Luft herum.

»Weißt du, wie spät es ist?«, knurrte sie. Ich sagte nichts. Ich hatte keine Uhr. Ich bekam meine erste Armbanduhr zum dreizehnten Geburtstag.

»Da!«, rief sie und schnippte in Richtung Zimmerdecke, wo über der reglos dasitzenden Ma Funkel die Pendeluhr tickte. »Es ist gleich Viertel nach drei! Wo hast du dich schon wieder herumgetrieben?«

Ich begann etwas daherzustammeln von dem Hund von Frau Dr. Hartlaub, aber sie ließ mich gar nicht ausreden. »Hund!«, fiel sie mir ins Wort, »jaja, mit einem Hund gespielt! Eis wirst du gegessen haben! Ich kenne euch doch!

Dauernd treibt ihr euch am Kiosk von Frau Hirt herum und habt nichts anderes im Sinn, als Eis zu schlecken!«

Das war nun eine fürchterliche Gemeinheit! Mir vorzuwerfen, ich hätte am Kiosk von Frau Hirt Eis gekauft! Wo ich noch nicht einmal Taschengeld bekam! Mein Bruder und seine Freunde, die machten solche Sachen. Die trugen ihr gesamtes Taschengeld zum Kiosk von Frau Hirt. Aber ich doch nicht! Ich musste jedes einzelne Eis meiner Mutter oder meiner Schwester mühsam abbetteln! Und nun wurde ich beschuldigt, ich hätte mich, statt im Schweiße meines Angesichts und unter größten Schwierigkeiten in die Klavierstunde zu radeln, eisschleckenderweise am Kiosk von Frau Hirt herumgetrieben! Vor so viel Niedertracht versagte mir die Sprache, und ich begann zu weinen.

Porträt des Fahrradfahrers als Bessermensch

Wenn die Päderastentraumfrau Katie Melua ihr Lied »Nine Million Bicycles« plärrt, denken alle deutschen Hörer an Münster. Denn die voll verklinkerte westfälische Universitätsstadt bringt es mitsamt aller Eingemeindeten und Studenten zwar nur auf gut 280 000 Einwohner; von denen aber fahren neun Millionen Fahrrad, haben immer Vorfahrt und immer recht.

Das ist bedauerlich, denn Fahrradfahren ist eine schöne Sache, Rechthaben dagegen ist ziemlich langweilig und kann schnell pathologisch werden. Wenn ein Radler zu einem Rechthaberbiker mutiert ist, hat der Spaß für alle anderen ein Ende. Denn der Zweiradrechthaber ist kein Verkehrsteilnehmer, sondern ein Bessermensch, für den ausschließlich seine eigenen Regeln gelten.

Durch die Lawine der Automobile schießt er linksrechts kreuz und quer; rettet ihm ein umsichtiger Autofahrer durch In-die-Eisen-Steigen sein Leben, steigt der Rechthaberbiker vom Rad, tritt oder schlägt das verhasste Automobil nach Kräften und bebrüllduzt seinen Samariter: »Du Scheiß-Auto-Faschist!« Denn der Zweiradmensch darf alles, also auch von der Übersicht und Gnade anderer leben, sie dafür mit Dreck bewerfen und sie in die Fassungslosigkeit stürzen.

Genauso selbstverständlich nutzt er in rasendem Tempo den Fußweg, der nicht ihm zukommt, sondern dem Fußgänger, den er aber zum Beiseitespringen nötigt, so der ihn überhaupt sehen kann, denn bevorzugt von hinten zischt der Radrechthaber um Haaresbreite vorbei und zeigt dem Fußgänger, wenn der ihm ein »Hallo, geht's noch?« hinterherfragt, sofort den Mittelfinger oder schreit ihm im feigen Davonfahren fäkale Wörter zu.

Wer immer recht hat, braucht auch kein Licht am Fahrrad, schon gar nicht im Dunkeln; Passanten, die angefahren werden, sind selbst schuld, wenn sie die heranjagenden Schemen nicht sehen, und Kraftfahrer sind ja sowieso Nazis, das ist haarscharf klar und bedarf also keiner Begründung. In seinem Realitätsverlust- und Selbstbespiegelungswahn hält sich jeder egomane Rad-Autist für einen David im gerechten Kampf gegen Goliath, der sich schützen und verteidigen muss und in permanenter Notwehr lebt.

Deshalb hängen sich Rechthaberbiker auch Anhänger ans Rad, in denen sie ihre Kinder zwischenlagern. Die Anhänger zwar sind aus Kunststoff, damit es die Kinder im Sommer schön mollig warm haben, aber der Inhalt der natürlichen Knautschzone ist hundert Prozent Bio.

Sich selbst stülpen die Rechthaberbiker einen Helm über; wer wenig hat, dem ist das wenige kostbar. Ist es also ein Indiz für eine kluge Bevölkerung, dass man in der Biker-Metropole Münster relativ wenige behelmte Zweiradfahrer sieht? Nein, leider nicht. Die Stadt Münster hat vielmehr ein dunkles Geheimnis: Wer in Münster lebt, bekommt seinen Kopf verklinkert; von innen, damit es nicht so auffällt.

URS WIDMER

Trainingsfahrt

Der Verlust meines Buchs brachte mich dafür meinem Verleger näher, und ihn mir. Er rief an einem heiteren Frühlingsmorgen an und fragte mich, ob ich ihn auf seiner nächsten Trainingsfahrt begleitete, und also lieh ich mir vom Wirt des Restaurants Geld und kaufte auch so ein Rad, eins der Marke Motobécane, das sogar elf Gänge hatte. Dazu ein hautenges Tricot, auf dem Panasonic stand, eine schwarze Hose mit eingebauten Schaumgummiwindeln und eine Mütze, auf der Rivella zu lesen war. Der Verleger, als er mich zu unsrer ersten gemeinsamen Fahrt abholte, war ähnlich gewandet. Nur warb sein Hemd für meine Bücher. Er hatte es extra anfertigen lassen. Aber die Mütze war ebenfalls branchenfremd und trug den Schriftzug der Kreditanstalt.

Wir radelten los, die Forchstraße hinauf, dem Pfannenstiel entgegen, er locker voraus und ich, in den Pedalen tobend, in seinem Windschatten. Er war herrlich trainiert und stieß zuweilen kleine Juchzer aus, während ich schon in Zumikon oben wie ein Verendender atmete. Das hinderte ihn nicht daran, sich mit mir über die Schulter hinweg angeregt zu unterhalten. An diesem ersten Tag beschäftigte ihn hauptsächlich, dass sein Verlag viel zu groß geworden sei. Was solle er mit einer Telefonzentrale und einer EDV-

Anlage! Einst sei seine ganze Wirtschaft in einer alten Schuhschachtel gewesen, unter seinem Bett, die alles enthalten habe, die Manuskripte und die Verträge und die Einnahmen und auch die Ausgaben, denn von Anfang an habe er sich angewöhnt, diese der besseren Übersicht wegen bei sich zu behalten.

»Ein Buch«, rief er unvermittelt und setzte zu einem Spurt an, sodass ich ihn fast sofort nur noch aus weiter Ferne hörte. »Was soll ich mit einem Buch ohne Menschen?« Er sprang, im Fahren noch, aus dem Sattel und warf das Rad gegen eine Tanne, deren Äste bis unter den Wipfel abgesägt waren. »Ohne Leidenschaften? Ohne Trauer? Freude? Ohne die vergehende Zeit?« Er sah mich anklagend an, als schriebe ich solche Bücher, und trat mit den Beinen in die Luft, um die Muskeln zu lockern. Ich ließ mich ins Gras fallen. Während mein Herz donnerte und ich Sterne sah, rief er: »Eins verzeih ich keinem Autor: Wenn er von sich spricht. Spreche ich jemals von mir?!«

Ich schüttelte heftig den Kopf. Ich hatte einen schrecklichen Durst. Weit unten glänzte der Greifensee, voller Wasser, blau, mit weißen Segeln gesprenkelt. Der Verleger hatte mit beiden Händen den Stamm der Tanne gefasst und stemmte sich kraftvoll von ihm weg; stretchte abwechselnd das linke und das rechte Bein.

»Ich sehe einem Buch nach«, sagte er, nun doch ein bisschen keuchend, »wenn es niemand kauft. Aber ich will nicht angejammert werden. Ich will Distanz.« Er ließ die Tanne los, ging zum Rad, löste eine Metallflasche vom Lenker seines Rads und schraubte den Verschluss auf. »Zuweilen spiele ich mit dem Gedanken, den Verlag so schrumpfen zu lassen, dass mir ein Autor genügt.« Er trank mit langen Schlucken. »Du ahnst ja nicht, das Zeug, das ich tagein tagaus lesen muss.«

»Hm«, sagte ich.

»Und weißt du was?« Er beugte sich zu mir herunter, als offenbare er mir ein Geheimnis. »Ich kann's nicht ertragen, wenn ein Autor hässlich ist. Verschwitzt, oder voller Pickel. Da raste ich regelrecht aus.«

Er schraubte die Flasche zu, klemmte sie in den Halter zurück und schwang sich in den Sattel. Lächelte mich an, und ich lächelte zurück. Meinte er mich? Er hatte einen runden roten Kopf, aus dem, dicht unter dem Schild seines Käppis, zwei blaue Augen wie Scheinwerfer leuchteten, einen mächtigen Brustkorb und Waden, deren Muskelstränge ein Zopfmuster bildeten. Dopte er sich? Jedenfalls war er im Nu um die nächste Kurve verschwunden. Ich hob ächzend mein Rad hoch und schob meine Füße in die Metallkappen der Pedale.

Tatsächlich ging nun alles leichter, vielleicht, weil wir schon so hoch oben waren, dass die Luft keinen Widerstand mehr leistete. Ähnlich dem Verleger ging auch ich aus dem Sattel und schwang wiegend hin und her. Die Reifen pfiffen, wenn ich die Pedale nach unten wuchtete. Auf der Passhöhe fuhr mir ein Wind ins Gesicht, von den Gipfeln der Alpen herkommend, die in der Ferne weiß leuchteten. Ich stieß einen Juchzer aus, so wie es der Verleger vor einer Stunde getan hatte, und tatsächlich sah sich dieser, weit unten schon dem Tal zustrebend, überrascht nach mir um. Er fuhr beinah in eine Leitplanke und legte sich im letzten Augenblick so heftig in die Kurve, dass er flach auf dem

Asphalt zu liegen schien. Dann war er weg. Singend, zuweilen freihändig, sauste auch ich dem Zürichsee entgegen, bis nach Küsnacht, wo mein Freund am Ufer stand und Schwäne fütterte. Ich stellte mich neben ihn. Weit jenseits des Sees glitzerte fern die Villa, in der Thomas Mann einst Herr und Hund geschrieben hatte, und andere Meisterwerke. Vielleicht hatte auch er einmal mit seinem Verleger im Garten gestanden und über den See geschaut, zu uns hin, wir zwei kaum zu sehen von dort.

Ich weiß nicht warum, aber einige Wochen lang radelten wir nicht mehr zusammen, der Verleger und ich. Er war auf den Buchmessen von Dakar und New York gewesen und hatte sich geweigert, die Weltrechte für Hemingway zu übernehmen, obwohl die Erben sie ihm für einen Pappenstiel aufdrängen wollten, seines guten Rufs wegen. Aber er hielt den Alten Mann und das Meer für eine Kitschgeschichte und konnte dieses ganze Männergehabe nicht ausstehen, dieses Löwenschießen vom Bett aus, in dem der Held zuvor eine Frau, die meistens eine sozialistisch denkende Krankenschwester war, gehörig durchgewalkt hatte. Er war froh, wieder zu Hause zu sein, und stand eines Morgens – um fünf Uhr dreißig; ein herrlicher Sommertag kroch eben aus seiner Wiege – klingelnd vor meinem Fenster, hinter dem ich im Bett lag, ohne Frau und ohne Flinte, mit der ich, hätte ich eine gehabt, auf ihn zu schießen imstande gewesen wäre. So aber stand ich schleunigst auf und ließ ihn ein. Er trug wieder seine Rennausrüstung, hatte aber das Tricot, das für mein Werk warb, durch ein anderes ersetzt. Der Name des Autors war unter einem dick ausgebuchteten Proviantbeutel verborgen, aber der Titel seines Buchs hieß Der Fall Papp, und darunter stand in einem schreienden Pink, dass die Startauflage 80 000 Stück betrage. Das hatte bei mir nicht gestanden. Ich machte noch so benommen einen Kaffee, dass ich das frische Pulver in den Müll warf und nochmals von vorn anfangen musste. Der Verleger blätterte indessen in meinem Notizbuch, in das ich meine geheimsten Einfälle notiere. Ich buk uns die drei tiefgefrorenen Croissants auf, die noch in der Truhe gelegen hatten, und der Verleger aß zwei davon, obwohl er abwehrend die Hände hochhob und beteuerte, schon gefrühstückt zu haben. Er erzählte von New York. Hatte im Waldorf Astoria gewohnt, wütend zuerst, weil er lieber in jenem Hotel an der 42. Straße gewesen wäre, in dem alle Künstler der Welt schon einmal ein paar Monate verbracht haben. Aber es war ausgebucht gewesen, oder abgerissen, und der Verleger war mit seinem Waldorf Astoria bald so versöhnt, dass er es kaum mehr verließ. Sowieso kamen alle zu ihm, die Hemingway-Bande natürlich und auch die meisten andern Verleger, denn er hatte mehrere Titel, zu denen mein Buch nicht gehörte, die monatelang auf den einheimischen Bestsellerlisten gestanden hatten. Einmal war er auch in New York radeln gegangen, mit Edward Gorey und Woody Allens ältester Schwester, die beide robuste mountain-bikes besaßen und mit diesen schon seit Jahren Ausfahrten bis nach Vermont und Maine machten. Der Verleger lieh sich ein altes Damenrad aus, das seinen Standards natürlich nicht genügte: aber er war ja in den Ferien. Besonders Edward Gorey war in einer Bombenform und fegte so rasant durch die Straßen Harlems, dass der Verleger und Woodys Schwester ihn aus den Augen verloren und in einer Kneipe landeten, in der nur Schwarze saßen. Sie wurden wie Fremde aus fernen Ländern behandelt, besonders freundlich, und tranken Root-Bier. Danach war es mit der Trainingsfahrt aus, und spät am Abend trafen sie Gorey wieder, der jetzt eine Art Frack aus rotschimmerndem Samt trug und ihnen ziemlich böse war. Er schwor dem Verleger, nie mehr einen Schutzumschlag für ihn zu zeichnen. Aber irgendwie bügelten sie das Unglück wieder aus – die Schwester war inzwischen vom Bruder abgeholt worden – und erlebten den Morgen Arm in Arm an jenem Pier, an dem früher einmal die United States und die Queen Elizabeth angelegt hatten, der Verleger immer noch im Sportlerlook und sein Freund im Frack.

»Noch'n Kaffee?«, sagte ich gähnend. »Oder ein Bier?«

»Jetzt zieh dich aber mal an«, sagte der Verleger. »Wir wollen los. Es ist schon spät.«

Ich ging ins Schlafzimmer und zog die Fahrradklamotten an. Inzwischen hatte sich die Katze in meine Schlafmulde gelegt und schlief zufrieden schnurrend. Ich streichelte sie und deckte sie so zu, dass nur noch ihr Kopf hervorsah. Ging in die Küche zurück. Der Verleger las wieder in meinem Tagebuch. Als er mich sah, rief er »Na dann los«, sprang auf und sauste ins Freie.

Diesmal war der Albis unser Ziel, ein Berg, der in der Tour de Suisse zur dritten Kategorie gehört und für die Asse kein Problem darstellt. Auch der Verleger zeigte keine Mühe und schwebte wie eine Feder die Kehren zur Passhöhe hinauf, während ich, so früh am Morgen noch, fast sofort völlig außer Atem geriet, sodass ich mehrmals absteigen musste und am Schluss von einem Bauern mitgenommen wurde, dessen Motormäher einen leeren Leiterwagen zog. Der Verleger übersah meine Ankunft taktvoll, oder vielleicht bemerkte er mein Drama wirklich nicht, denn er saß zwischen fast mannshohen Margeriten und futterte seinen Proviantbeutel leer. Jetzt konnte ich auch den Namen des Autors auf seinem Tricot lesen: Cécile Pavarotti. Eine Frau! Ich warf mich auch ins Gras und begann zu bedauern, dass ich keine Vorräte mitgenommen hatte. Der Verleger aß einen Schokoriegel und sagte etwas, was ich nicht verstand, denn ich setzte gleichzeitig dazu an, ihm zu erzählen, dass ich mich erinnerte, wie Göpf Weilenmann oder eventuell Emilio Croci-Torti in einer längst vergangenen Tour, so um 1948 herum, die Königsetappe von Lugano nach Chur verlor, weil er bei der fliegenden Verpflegung in San Bernardino den Beutel nicht erwischt hatte. Ein Hungerast. Ich verstummte und sah stattdessen einem Kaninchen zu, das jenseits der Straße herumhoppelte. Die Margeriten, in denen wir saßen, waren nass vom Tau.

»Germanisten sind Arschlöcher«, sagte der Verleger mit vollem Mund. »Tun, als sei ihr Tun eine Wissenschaft, wo es doch zur einen Hälfte ein Handwerk und zur andern Kunst sein sollte.« Er setzte die Feldflasche an den Mund. Sein Adamsapfel hüpfte beim Trinken, und er atmete befriedigt aus, als er die Flasche endlich absetzte. »Dabei ist es ganz einfach.« Er schraubte den Verschluss zu. »Entweder gefällt mir ein Buch, oder es gefällt mir nicht.«

»Ich habe die Recherche von Proust nie fertig gelesen«, sagte ich. »Wer ist Cécile Pavarotti?«

»Ich bin froh, dass du mich fragst!« Der Verleger rutschte

schnell wie ein Salamander zu mir hin und legte seine rechte Hand auf meinen linken Arm. »Ich bin dir wirklich dankbar dafür, dass du dem Thema nicht ausweichst. Ich wusste, dass du die Kraft dazu hast.«

Ich fühlte mich sofort elend, verlassen, obwohl der Verleger meinen Arm wie in einem Schraubstock hielt. Er strahlte nun übers ganze Gesicht. »Zehn Jahre lang hat sie an ihrem Buch gearbeitet!«, rief er zu den Wolken hinauf, die an einem blauen Himmel zogen. »Es strotzt vor Wirklichkeit bis ins letzte Komma hinein!«

»Ach ja?«, sagte ich. Riss eine Margerite aus und kitzelte mit ihrem Stiel einen Marienkäfer, der aber keineswegs wegfliegen wollte.

»Sie erzählt das Leben einer Ministerin in einem kleinen Bergstaat, die von Amts wegen die Geldmafiosi ihres Landes verfolgen sollte. Aber sie ist mit einem von denen verheiratet und zappelt wie eine Marionette an den Fäden, an denen ihr Mann zieht.«

»Das kommt mir bekannt vor«, sagte ich. »Wir hatten doch auch so eine. Wie hieß die nur?«

»Nein, nein, nein!«, rief der Verleger sofort. »Das Buch ist fiction. Stell dir vor, in der wirklichen Schweiz, du wüsstest einen erleuchteten Augenblick lang auch nur den zehnten Teil dessen, was in jenen Chefetagen verhandelt wird, und schriebst den hundertsten Teil davon auf, und ich druckte das Buch: Am gleichen Tag noch hätten wir die Polizei im Haus.«

»Kein Zweifel«, sagte ich.

»Ich habe allen Mitarbeitern des Verlags gekündigt«, fuhr er fort und zurrte seinen leeren Beutel wieder fest.

»Ein Buch, das schaff ich allein. Es wird wieder sein wie früher. Ich habe meine Schuhschachtel unterm Bett, in dem ich liege, und hie und da kommt mein Autor vorbei.«

»Deine Autorin«, sagte ich.

»One book, one editor«, der Verleger überhörte meine Bemerkung, »in New York ist das die neue Zauberformel. Man kann natürlich Glück haben, oder Pech. Lord Weidenfeld, der sich auf die Autobiografie von Meryl Streep beschränken will, wird's angenehmer als McGraw-Hill haben, die ihr Programm auf die letzten Worte von Charles Bukowski reduzieren.«

»Scheint ein Trend zu sein, das Schrumpfen«, sagte ich.

Der Verleger nickte. »Du wirst einen neuen Verlag finden, das weiß ich. Ich bin da ganz unbesorgt. Der knallharte Profi, der du bist.«

»Obwohl«, sagte ich und nickte. »Wenn alle nur einen Autor haben, oder eine Autorin!«

»Ein Leben ganz ohne Probleme gibt es nicht.« Der Verleger schwang sich aufs Rad. »Wollen wir?« Und schon fegte er los, mit einem Antritt, der den Gummi seiner Reifen rauchen ließ. Ich sah ihm hintendrein, seinem Hintern, und warf einen Stein nach dem Kaninchen, der traf. Ich hatte nicht gewusst, dass Kaninchen quieken, wenn sie Schmerz verspüren. Die Sonne stand hoch am Himmel. Es war heiß. Als ich losfuhr, fragte ich mich, ob mir der Fahrtwind Tränen in die Augen trieb, oder das Ozon.

Als ich zu Hause ankam, saß der Verleger auf den Stufen vor der Tür. Und ich hatte gedacht, ihn nie mehr zu sehen! Er hatte aber keine Lust, in seinen Verlag zu gehen, und wollte ein Bier kriegen.

Das Damenfahren

In Berlin dürften meine Freundin Frl. Clara Beyer und ich die ersten Damen gewesen sein, die sich dem entsetzten Volke auf dem Rade zeigten, und zwar auf Dreirad. Das war 1890. Wir ließen uns zunächst die Räder nach auswärts bringen und radelten auf stillen Waldchausseen, von den vereinzelten Passanten teils mit tugendhaftem Entsetzen, teils mit Hohngelächter und Bemerkungen unzweideutigster Art begrüßt. Dann wagten wir es, in frühester Morgendämmerung die Stadt zu durchfahren und endlich wurde auch eines schönen Nachmittags vom Blücherplatz aus gestartet. Sofort sammelten sich Hunderte von Menschen, eine Herde von Straßenjungen schickte sich zum Mitrennen an, Bemerkungen liebenswürdigster Art fielen in Haufen, kurz, die Sache war das reinste Spießrutenlaufen, sodass man sich immer wieder fragte, ob das Radfahren denn wirklich alle die Scheußlichkeiten aufwöge, denen man ausgesetzt war. Eigentümlich war dabei, dass am rüdesten und gemeinsten sich nicht die unterste Volksklasse benahm, sondern der Pöbel in Glacéhandschuhen und zur Schande meiner Landsmänninnen muss ich das leider sagen, Frauen, die ihrem Äußeren nach den besseren Ständen angehörten. »Pfui, wie gemein!«, war ungefähr das Mildeste, was man von »schönen« Lippen zu hören bekam.

Ich habe eine Zeitlang die gehörten Redeblüten gesammelt. Leider ist mir die Aufzeichnung verloren gegangen. Neben ganz unflätigen Schimpfworten waren es meist praktische Ratschläge, wie wir wirtschaftlich unsere Zeit anstelle des Radfahrens besser anwenden sollten. Das Komischste leistete eine alte Dame in Berlin W. Sie stand auf dem Bürgersteig und sah mich ankommen. Ihr Gesicht zeigte ein derartiges starres Entsetzen, dass ich unwillkürlich in langsamstes Tempo fiel und sie mir genau ansah. Während ich ganz langsam bei ihr vorbeifuhr, platzten ihr plötzlich die Worte heraus: »Das ist ja gar nicht möglich!« Und es war nicht nur möglich, es war sogar Tatsache. Heute wird sie sich wohl daran gewöhnt haben.

Auch abgesehen von den sympathischen Straßenkundgebungen hatte die Radfahrerin gesellschaftlich mit einem geradezu fanatischen Hasse zu kämpfen. Alles Verweisen auf Reiterinnen, Schlittschuhläuferinnen half nichts, Radfahren war und blieb »unweiblich«. Einen vernünftigen Grund, warum, konnte natürlich niemand angeben. Alles das war wohl geeignet, einem manch liebes Mal die Tränen in die Augen zu treiben. Aber dann, wenn man endlich draußen angelangt war und unter dem grünen Laubdach auf schöner Chaussee dahinflog, wenn die Brust sich weitete und das Herz höher schlug, dann schwor man sich wieder: Und wenn es noch neunmal toller käme, ewige Treue dem Radfahrsport! Ähnlich ist es den Radfahrerinnen wohl überall im deutschen Vaterlande ergangen, ich habe wenigstens noch nicht gehört, dass irgendwo die erste Radfahrerin mit großem Wohlwollen aufgenommen worden wäre.

KIRSTEN FUCHS

Es ist weg

Es ist geklaut worden, mein Fahrrad. Mir fehlen die Schimpfwörter. Die … haben es geklaut, mein Fahrrad. Wer sind eigentlich »die«? Na die, die es geklaut haben, mein Fahrrad. – Oder »dem? Wer »der«? Na der, der es geklaut hat, mein Fahrrad.

Um mich zu beruhigen, rede ich mir ein, dass jemandem, der so was macht, was viel Schlimmeres geschehen sein muss. Ich nehme mir vor, das in Zukunft als unumstößliche Wahrheit anzunehmen, egal wer mir was tut: Wer so was tut, dem muss etwas Schlimmeres widerfahren sein. Wer ein Fahrrad klaut, dem haben sie zum Beispiel mindestens zwei Fahrräder geklaut. Die haben das bestimmt nur gemacht, weil die Gesellschaft sie nicht auf legalem Weg Geld verdienen lässt. Die Gesellschaft hat es also geklaut, mein Fahrrad.

Der erste Hinweis darauf, dass es geklaut worden ist, ist, dass es weg ist, mein Fahrrad. Es ist also geklaut worden. Sonst wäre es ja da. Mein Fahrrad.

Aber so einfach sind die Dinge manchmal gar nicht auf unserem verrückten Planeten, der sich Erde nennt. Es ist nicht alles geklaut, was nicht da ist. Der Weltfrieden wurde nicht geklaut – er war nie da. Auch meine Katze wurde nicht geklaut – sie ist gestorben. Niemand hätte sie geklaut, sie war struppig und müffelte, bevor sie verschied.

Mein Ex-Freund ist auch weg, der war auch struppig und müffelte, aber er ist weder geklaut worden, noch ist er gestorben. Der ist einfach so weg. Der wollte seine Freiheit. Dabei habe ich ihn nie mit einem Fahrradschloss an einen festen Gegenstand angeschlossen.

Das Fahrrad habe ich an den Müllkäfig angeschlossen. Falls jemand genau weiß, wie der große Metallkäfig heißt, der um mehrere Mülltonnen herumgebaut wird, dann wäre ich sehr glücklich, es zu erfahren. Müllkäfig kann einfach nicht sein. Da muss es doch so ein unelegantes Beamtendeutschwort dafür geben. Abfall-Schutzumgatterung oder so. Da war es jedenfalls drin, mein Fahrrad, bevor es nicht mehr drin war, mein Fahrrad.

Ich bleibe dabei, es ist geklaut worden, mein Fahrrad, denn es ist nicht so wie mit dem Weltfrieden, dass es nie da gewesen ist – das stimmt nicht, denn es war da, mein Fahrrad. Ich kann mich dran erinnern, und sollte ich verrückt sein. ohne es zu wissen, so habe ich zum Beweis, dass es existiert hat, einen Kaufvertrag und ein Foto, was nicht heißt, dass ich nicht trotzdem verrückt sein könnte.

Es ist auch nicht gestorben, mein Fahrrad. Meines Wissens tun das Fahrräder nicht. Es war auch noch ganz jung und gesund, mein Fahrrad, und wenn es gestorben wäre, hätte ich doch die Leiche in der Abfall-Schutzumgatterung gefunden.

Ich habe es auch nicht sonstwo angeschlossen und vergessen, mein Fahrrad, denn selbst wenn ich verrückt bin, so lag trotzdem das kaputte Schloss in der Abfall-Schutzumgatterung, wo ich es immer angeschlossen habe, mein Fahrrad.

Ich glaube nicht, dass es selber das Schloss durchgeknabbert hat, mit seinen Zahnrädern, um dann wegzufahren und als herumstreunendes Fahrrad von Abfällen zu leben und an der Tankstelle aus Ölpfützen zu trinken. Nein, so eins ist es nicht, mein Fahrrad. Es war glücklich bei mir, mein Fahrrad. Jetzt ist es weg. Es ist geklaut worden.

Sollte es doch das Schloss durchgeknabbert haben, um wegzulaufen, dann ist es nicht schade um das Fahrrad, dann war es untreu, dann will ich es ohnehin nicht mehr, dann soll es ruhig abhauen, wenn die Sache so ist.

Es hat auch nicht irgendwer einfach genommen, denn es war angeschlossen. Das ist doch der Unterschied zwischen Nehmen und Klauen. Da war ein Schloss dran, weil es mir gehört. Ich brauche nicht darauf zu warten, dass es jemand zurückstellt, mein Fahrrad, es ist weg.

Wenn ich mir alles ganz genau durchdenke, wird es wohl wirklich geklaut worden sein. Wenn zufällig derjenige gerade mitliest, der es geklaut hat, dann soll er sich schämen! Nicht weil er gerade mitliest. Weil er mein Rad gestohlen hat, der Bastard. Weißt du, wie beklaut werden ist? Danach ist was weg. Das ist ganz mies. Noch dazu das Fahrrad, das einen hierhin und dahin gebracht hat, so treu. Mein Fahrrad! Das ist, als ob du aufwachst und du streckst dich und reckst dich, ah, ein neuer Tag, Dienstag oder Mittwoch, du hast so deine Pläne, deine Verabredungen, na ja, erst mal Zähne putzen, und dann schlägst du die Decke zurück und deine Füße sind weg. Wo sind sie hin? Die sind doch nicht von alleine weg. Die muss jemand geklaut haben. Deine Füße. Die waren doch immer da. Wie sollst du denn jetzt zu deinen Verabredungen? Etwa mit dem Fahrrad? Mein Fahrrad.

Wo ist es hin? Und ist es noch mein Fahrrad, wenn jemand anders es jetzt fährt? Wann wird es jemand anderes Fahrrad sein? Wenn der Sattel nach anderen Pupsen riecht? Wenn die letzte Luft aus den Reifen entwichen sein wird, die ich ihm eingehaucht habe, meinem Fahrrad?

Egal wem ich erzähle, dass es geklaut wurde, mein Fahrrad, jeder hat was zu berichten, was ihm geklaut wurde, als ob mir das hilft, dass andere auch beklaut wurden.

Meiner alten Tante wurde der Fotoapparat im Urlaub geklaut mit sehr persönlichen Bildern auf dem Film, sagte sie. Ob meine alte Tante genau das meinte, was ich mir unter sehr persönlichen Bildern vorstellte? Halle die sehr persönlichen Fotos mein aller Onkel gemacht? Ich wollte lieber nicht fragen.

Ich habe meiner Tante gesagt, dass ich, nicht glaube, dass Diebe die Filme im Fotoapparat entwickeln würden, nur um sich darüber zu belustigen, Sie ist richtig beleidigt gewesen, als ich gesagt habe, ihre sehr persönlichen Bilder würden doch niemanden interessieren. Das fand sie noch viel schlimmer. Geholfen hat mir das jedenfalls nicht bei meinem Schmerz darüber, dass es weg ist, mein Fahrrad.

Genauso wenig hat mir geholfen, dass ein Freund erzählt hat, dass ihm mehrfach die gesamte Brieftasche geklaut worden sei, und das wäre doch viel schlimmer als Fahrrad, sagte er. Danach die ganze Rennerei, das Zeug zu sperren und so. Von Hinz nach Kunz.

»Aber wenn man die Rennerei mit einen, Fahrrad erledigen kann, ist das doch okay«, sagte ich. »Wenn einem das Fahrrad geklaut wird, dann hat man die Rennerei wegen Fahrrad ohne Fahrrad.«

Ich musste zum Beispiel zur Polizei LAUFEN.

»Was gehst du denn zur Polizei. wenn dir was geklaut wurde? «, fragte der Freund überrascht.

»Was soll die Polizei denn da machen?« Ich erklärte, dass ich eine Anzeige wegen der Versicherung machen müsste.

»Ach so, na dann«, sagte er.

Anzeigen wegen Diebstahls müssen die beklauten Pechvögel übrigens im Raum 13 machen, und wie ich so nachdachte, ob Satansanbeter in den Raum 666 müssen, Nazis in den Raum 88, und wer eine Verschwörung anzeigen will, der müsse in den Raum 23, da kam ein sehr schlecht gelaunter Mann ins Wartezimmer und fragte sofort: »Na, was hamse dir geklaut?«

»Fahrrad«, sagte ich.

»Auto«, sagte er.

Da halte er wohl gewonnen.

Danach kam noch ein Mann und erzählte, man habe ihn hierhergeschickt, weil man in Raum 11 den Täter kennen müsste und in Raum 13 nicht. Er wüsste aber genau, wer sein Fahrrad geklaut habe: Arschloch nämlich. »Ey krass«, rief ich, »bei mir auch.«

»Bei dir auch? So ein Arschloch«, sagte der Typ.

Als ich dann dran war, hat mir die Polizistin nicht so viel Hoffnung gemacht. Sie hat gesagt, sie würden mich halt anrufen, wenn das Fahrrad in sieben Jahren im Saarland aus einem Tümpel gefischt wird mit einer Suffleiche drauf. Da sei ich dann natürlich erst mal verdächtig.

Es ist geklaut worden, mein Fahrrad, und jetzt ist es nicht mehr mein Fahrrad, das Fahrrad.

Kettenreaktion
Es wird Sommer, und das bedeutet:
Wir müssen mal wieder in den Fahrradladen.
Doch warum nur wird man dort mit so viel
Arroganz behandelt? Eine Abrechnung.

Kommt ein Kunde ins Fahrradgeschäft und sagt:
»Ich hätte gern eine Kettenbürste.« Fragt der Fahrradhändler: »Wieso?« Der Kunde denkt: Seltsam, so was passiert mir immer nur im Fahrradladen. Wenn ich in der Bäckerei sage »Ich hätte gern ein Körnerbrot«, fragt nie jemand »Wieso?«. Nur Fahrradhändler tun so was. Vielleicht, denkt der Kunde, weil ich das falsche Wort gesagt habe. So wie neulich, als ich von »Zahnrädern« sprach und der Fahrradhändler tat, als würde er mich nicht verstehen, weil es in seiner Welt »Ritzelpaket« heißt. Möglicherweise, denkt der Kunde, heißt es nicht »Kettenbürste«, sondern »Gelenkblätterpinsel« oder »Gliedschrubber«.

»Weil ich die Kette bürsten will«, sagt der Kunde vorsichtig. »Dafür gibt es doch diese schmalen, vorne gebogenen Dinger, die …« »Und warum wollen Sie die Kette bürsten?«, unterbricht der Fahrradhändler kühl. »Weil sie verdreckt ist«, sagt der Kunde. »Aha«, sagt der Fahrradhändler mit düsterer Zufriedenheit, denn genau diesen Punkt wollte er erreichen: Jetzt kann er beweisen, was der Kunde falsch gemacht hat. »Wenn Sie die Kette gepflegt hätten, kämen Sie jetzt gar nicht auf die Idee, sie bürsten zu wollen. Sie müssen die Kette regelmäßig mit einem leicht geölten Tuch reinigen.«

»Also, haben Sie eine Kettenbürste oder nicht?«, sagt der Kunde gereizt, denn er wollte nicht erzogen werden, sondern etwas kaufen.

»Nein«, sagt der Fahrradhändler seelenruhig triumphierend und fügt hinzu: »Ich glaube nicht an Kettenbürsten.«

Wenn die Fahrradsaison beginnt, erzählen Menschen in ganz Deutschland einander Geschichten wie die von der Kettenbürste. Sie erzählen, wie ein Fahrradhändler sie beim Aussuchen eines Schlosses beobachtet und dann, als sie sich für eins aus dem mittleren Preissegment entscheiden, halblaut kommentiert: »Ah, okay, ich dachte, du willst dein Rad behalten.« Sie erzählen, wie sie mit ihrem Kind einen Fahrradladen betreten – ein wichtiger Moment, das erste größere Fahrrad – und wie sie sagen »Hallo, wir würden uns gern ein paar 26er anschauen«, und der Fahrradhändler sagt »Ja gut, dann dreht den Kopf ein bisschen nach links, da hängen unsere 26er, die könnt ihr euch anschauen, bis sie jemand Probe fahren will«.

Früher gab es einen Ort der sicheren Demütigung im Einzelhandel – das war der Plattenladen. Der Laie betrat den Plattenladen in der Angst, auf einen Musiksnob zu treffen, der einem beim Kassieren das Gefühl gab, man würde das neue Smiths-Album sowieso nicht verstehen. Später war es ähnlich mit den Computerverkäufern, wer wusste schon genau Bescheid über Druckerkabel und Festplatten? Heute erfüllt diese Funktion der mufflige Fahrradhändler. Offenbar möchte er ausschließlich Rennradkomponenten an Spezialisten verkaufen und über Ritzelpakete, Lenkerhörner und Kalibrierbuchsen fachsimpeln. Stattdessen muss er sich rumschlagen mit Pack, das einfach nur von A nach B radeln will und dafür ein Gefährt braucht, welches das Pack dann nie angemessen warten und aufpumpen wird. Über seine Menschenfeindlichkeit täuscht der Händler notdürftig hinweg, indem er seinem Laden einen heiteren Namen wie »Rad und Tat« oder »Radhaus« gibt.

»Das musst du pflegen«, sagt der Fahrradhändler, fassungslos angesichts des zur Inspektion vorbeigebrachten Rades, »und pflegen heißt: putzen!« Er sagt es im Ton des Vaters, der einen vor Jahren anwies, man müsse sein Rad dringend mal wieder auf Vordermann bringen. Der Fahrradhändler hat das Gefühl, er müsste die Ware vor dem Kunden schützen, er sieht sich als Erziehungsberechtigter aller Gelegenheitsradler und er kann gerade noch herunterschlucken, sein Gegenüber »Kaputtmacher« zu nennen wie früher die Eltern.

Der Fahrradhändler scheint dabei seltsam unfroh. Der Plattenhändler früher schien wenigstens noch eine gewisse Freude daraus zu ziehen, seine Kunden herablassend zu behandeln. Aber der Fahrradhändler wirkt, als habe er den Beruf einmal aus übergeordneten Motiven ergriffen, vielleicht sogar, um die Welt zu einem besseren Ort zu machen, wo sich alle mit Muskelkraft auf gut gepflegten Ritzeln fortbewegen. Und stattdessen kriegt er jetzt unbeantwortbare Fragen gestellt wie die, was denn besser sei, Ketten- oder Nabenschaltung. Er soll banale Reparaturen wie Reifenflicken annehmen – an Rädern, die die Kunden womöglich im Internet bestellt oder bei Lidl gekauft haben! Und er muss sich immer wieder anhören, jemand bräuchte ein »Dings, also so eins für da hinten, wo das andere Dings ...«.

Deshalb quält er seine Kunden mit unverständlichen Gegenfragen: »Was willste für ein Ventil – französisch, Sclaverand oder Schrader?« Er gibt bösartige Ratschläge: »Dein Hinterrad blockiert beim Zurückschieben? Dann klapp halt den Ständer ein!« Und er macht schmerzhaft faule Scherze: »Also, die Luftpumpe würde ich immer abmachen, sonst kommst du wieder und hast zwei davon.«

Im Grunde sind der menschenfeindliche Fahrradhändler und der gedemütigte Kunde Gefangene einer Entwicklung, die große Teile der Warenwelt betrifft: Prinzipiell einfache Produkte, die ganz grundsätzliche Bedürfnisse befriedigen, werden immer komplizierter und störungsanfälliger, egal ob Kaffeemaschinen oder Fahrräder. Um sie zu erwerben und zu benutzen, muss man eigentlich Fachmann sein. Man ist aber nur Verbraucher. Darunter leiden das Produkt und der Verkäufer, und weil zumindest der auch nur ein Mensch ist, zahlt er es dem Kunden heim, indem er ihn schlecht behandelt.

Theoretisch mag man das verstehen, praktisch nervt es wie die Hölle. Und die grausame Ironie daran ist, dass es im

Grunde nur einen Weg gibt, sich dem zu entziehen: indem man so selten wie möglich einen Fahrradladen betritt. Das wiederum schafft man aber nur, wenn man sein Fahrrad pfleglich behandelt. Zum Beispiel, indem man regelmäßig die Kette mit einem leicht geölten Tuch reinigt und immer gleich das teuerste Schloss von allen kauft. Und dann? Dann hat der mufflige Fahrradhändler am Ende sogar noch recht behalten. Verdammt.

Die Entführung aus der Klosterschule

Obwohl wir in unserem bescheidenen Heim in der Bakerstraße schon manchen Besucher in recht dramatischer Weise hatten kommen und gehen sehen, kann ich mich an kein plötzlicheres und merkwürdigeres Auftreten erinnern, als es das des Dr. Thorneycroft Huxtable war, da er zum ersten Male bei uns erschien. Zuerst kam seine Visitenkarte, die zu klein erschien, um alle seine akademischen Grade und Würden fassen zu können, nach wenigen Sekunden trat er selbst ein – so fest, pomphaft und würdevoll, als ob er die verkörperte Kraft und Selbstzucht wäre. Und doch war, als er kaum die Türe hinter sich geschlossen hatte, seine erste Tat die, dass er gegen den Tisch taumelte und umfiel. So lag denn seine majestätische Gestalt regungslos der Länge nach auf unserem Zimmerteppich.

Wir sprangen auf und starrten einen Moment, sprachlos vor Überraschung, auf dieses gewaltige Wrack, das einem unvorhergesehenen, plötzlichen Sturm weit draußen auf dem Ozean des Lebens zum Opfer gefallen zu sein schien. Dann holte Holmes rasch ein Kissen, um es ihm unter den Kopf zu legen, und ich brachte Branntwein, womit ich seine Lippen benetzte. Das totenblasse Gesicht zeigte die Spuren schwerer Sorge, die dicken Wassersäcke unter den geschlossenen Augen waren schwarzblau wie Blei, um den offenen Mund spielten schmerzliche Züge. Er war nicht rasiert und nicht gekämmt. Kragen und Hemd deuteten darauf hin, dass der arme Mann, der vor uns gebrochen am Boden lag, eine lange Reise hinter sich hatte.

»Was ist's, Watson?«, fragte mich Holmes.

»Vollkommene Erschöpfung – möglicherweise bloß Hunger und Müdigkeit«, antwortete ich, während ich den schwachen Puls fühlte.

»Er hat eine Rückfahrkarte von Mackleton in Nord-England«, sagte Holmes, indem er sie aus der Westentasche herauszog. »Es ist jetzt noch nicht ganz zwölf Uhr. Er muss sehr früh aufgebrochen sein.«

Die faltigen Augenlider fingen zu zucken an, und bald blickte ein Paar offener, grauer Augen zu uns empor. Im nächsten Augenblick war der Mann wieder auf den Beinen, und die starke Röte in seinem Gesicht verriet seine Scham.

»Verzeihen Sie diese Schwäche, Mister Holmes, ich bin etwas übermüdet. – Danke Ihnen. Wenn ich ein Glas Milch und ein Stückchen Zwieback bekommen könnte, würde ich rasch wieder wohl sein. Ich bin persönlich gekommen, um Sie dazu zu bewegen, mit mir zurückzufahren. Ich befürchtete, dass Sie ein Telegramm von der Dringlichkeit meines Falles nicht hinreichend überzeugen würde.«

»Wenn Sie sich ganz erholt haben –«

»Ich fühle mich wieder vollkommen wohl. Ich begreife gar nicht, wie ich, so schwach sein konnte. Ich bitte Sie, Mister Holmes, mit dem nächsten Zug mit mir nach Mackleton zu kommen.«

Mein Freund schüttelte den Kopf.

»Mein Kollege Dr. Watson wird mir bestätigen, dass wir

gegenwärtig sehr stark beschäftigt sind. Ich habe noch mit den Ferrer'schen Dokumenten zu tun, außerdem steht in Kürze die Abergavennyer Mordaffäre zur Verhandlung; es könnte mich also nur eine außergewöhnlich wichtige Angelegenheit zu einer Reise veranlassen.«

»Richtig!«, rief unser Besucher und schlug die Hände überm Kopf zusammen. »Haben Sie denn noch nichts von der Entführung des einzigen Sohnes des Herzogs von Holdernesse gehört?«

»Was! des ehemaligen Ministerpräsidenten?«

»Gewiss. Wir hatten versucht, es tot zu schweigen, aber der *Globe* hat in der gestrigen Abendnummer Andeutungen gebracht. Ich glaubte, es wäre Ihnen schon zu Ohren gekommen.«

Holmes streckte seinen langen dünnen Arm aus und nahm den Band mit ›H‹ aus seiner Enzyklopädie vom Bücherbrett.

»›Holdernesse, sechster Herzog, Dr. juris, Dr. philosophiae u.s.w., Professor, Staatsrat, Baron Beverley, Graf von Carston‹ – um Gottes willen – was für eine Menge Titel! – ›Lord Hallamshire seit 1900. Verheiratet mit Edith, der Tochter des Freiherrn von Appledore 1888. Erbe und einziges Kind Lord Saltire. Grundbesitz ungefähr zweihundertfünfzigtausend Morgen groß. Bergwerke in Lancashire und Wales. Adressen: Carlton House Terrace; Holdernesse Hall, Hallamshire; Carston Castle, Bangor, Wales. Lord der Admiralität, 1872; Staatssekretär –‹ Das genügt, der Mann ist sicher einer der hervorragendsten Bürger!«

»Der hervorragendste und vielleicht auch der reichste. Ich weiß wohl, Mister Holmes, dass Sie nicht um des Geldes, sondern um der Sache willen arbeiten, aber ich will Ihnen doch sagen, dass Seine Hoheit mir schon angedeutet hat, demjenigen, der den Aufenthaltsort seines Sohnes ausfindig macht, fünftausend Pfund, und demjenigen, der ihm die Räuber seines Kindes namhaft machen kann, weitere tausend Pfund auszahlen zu wollen.«

»Das ist ein fürstliches Angebot«, sagte Holmes. »Ich denke, Watson, wir begleiten Direktor Huxtable nach dem Norden zurück. Und nun, Herr Doktor, können Sie mir, wann Sie Ihre Milch verzehrt haben, gütigst erzählen, wann und wie sich die Sache zugetragen hat, und schließlich auch, was Dr. Huxtable von der Klosterschule in Mackleton mit der Sache zu tun hat, und warum er erst nach drei Tagen – so lange haben Sie sich nicht rasiert – kommt, um meine Dienste in Anspruch zu nehmen.«

Unser Besucher bekam nach dem kleinen Imbiss wieder glänzende Augen und rote Wangen. Nachdem er sich in Positur gesetzt hatte, begann er seine Schilderung des Vorfalles.

»Zuerst muss ich Ihnen mitteilen, meine Herren, dass die Klosterschule eine Vorbereitungsanstalt ist, die ich gegründet habe, und der ich nun vorstehe. ›Huxtables Commentar des Horaz‹ wird Ihnen von früher vielleicht noch bekannt sein. Die Klosterschule ist bei weitem das beste und vornehmste Vorbereitungsinstitut in England. Lord Leverstoke, der Graf von Blackwater, der Baron Soames haben mir alle ihre Söhne anvertraut. Aber als mir vor drei Wochen der Herzog von Holdernesse seinen Sekretär James Wilder schickte, um mit mir über die Aufnahme des jungen zehnjährigen Lord Saltire, seines einzigen Sohnes und Erben, verhandeln zu lassen, glaubte ich mit meiner Schule auf der Höhe des Ruhmes angelangt zu sein. Ich ahnte nicht, dass es das Vorspiel zu meinem größten Unheil sein sollte.

»Am ersten Mai, dem Anfang des Sommerhalbjahrs, kam der Knabe an. Er war ein reizender Junge und gewöhnte sich schnell ein. Ich will Ihnen nicht verschweigen – ich glaube mich dadurch keiner Indiskretion schuldig zu machen, und Mangel an Zutrauen ist in einem solchen Falle sehr verkehrt – dass er sich zu Hause nicht recht wohlfühlte. Es ist ein offenes Geheimnis, dass der Herzog mit seiner Gemahlin nicht glücklich gelebt hat und die Ehe mit beiderseitiger Einwilligung geschieden worden ist, worauf die Herzogin in Südfrankreich ihren Wohnsitz genommen hat. Diese Trennung ist vor noch nicht langer Zeit erfolgt, und der Junge hing sehr an seiner Mutter. Er wurde nach ihrer Abreise ganz melancholisch und träumerisch, und aus diesem Grunde wünschte der Herzog, sein Kind in meine Obhut zu geben. Nach vierzehn Tagen war der Junge bei uns denn auch schon wie zu Hause und augenscheinlich vollkommen zufrieden.

»Zum letzten Male sahen wir ihn in der Nacht zum dreizehnten Mai – also in der vergangenen Montagsnacht. Sein Zimmer lag im zweiten Stock und grenzte an ein anderes größeres Zimmer, wo zwei Jungen schliefen. Dieselben haben jedoch nichts gehört und gesehen. Daraus geht sicher hervor, dass der junge Saltire nicht auf dem richtigen Weg an jener Kammer vorbeigekommen ist. In seinem Schlafzimmer stand aber das Fenster offen, und darunter ist ein starker Efeustamm. Wenn wir auch am Boden keine Fußspuren finden konnten, so ist doch klar, dass er nur auf diesem Wege ins Freie gelangt sein kann.

»Sein Fehlen wurde am Dienstagmorgen um sieben Uhr bemerkt. Sein Bett war benutzt worden. Er hatte sich vor dem Gehen vollständig angezogen, und zwar seine gewöhnlichen Schulkleider, eine blaue Jacke und dunkelgrüne Hosen. Im Zimmer war keine Spur von einer zweiten Person zu finden, außerdem würde Schreien, wie überhaupt jeder stärkere Lärm in dem Nebenzimmer gehört worden sein, denn der ältere der beiden darin schlafenden Knaben schläft nur sehr leicht.

»Als mir das Verschwinden des jungen Lord gemeldet worden war, versammelte ich sofort sämtliche Schüler, Lehrer und Diener, um über die Sache zu beraten. Wir kamen dabei zu dem Schluss, dass Lord Saltire nicht allein geflohen sein könne. Herr Heidegger, der den Unterricht im Deutschen erteilte, wurde gleichfalls vermisst. Sein Zimmer lag ebenfalls in der ersten Etage, am Ende des Hauses, und mündete auf denselben Flur. Er hatte auch im Bett gelegen, war aber offenbar nur notdürftig bekleidet weggegangen, weil sein Hemd und seine Strümpfe noch auf dem Boden lagen. Er hatte sich zweifellos an dem Efeu hinuntergelassen, denn wir konnten unten auf dem Rasen seine Spuren sehen. Sein Rad, das er in einem kleinen Schuppen in der Nähe aufbewahrte, war auch fort.

»Er war zwei Jahre bei mir in Stellung und mit den besten Empfehlungen gekommen; aber er war ein mürrischer, verschlossener Mann, weder bei seinen Kollegen noch bei seinen Schülern sehr beliebt. Von den Flüchtlingen war keine Spur zu sehen, und heute am Donnerstagmorgen wissen wir noch ebenso wenig wie wir am Dienstag wussten. In Holdernesse Hall wurde natürlich sofort angefragt. Es liegt nur wenige Meilen von Mackleton entfernt, und wir glaubten, dass der Junge in einer plötzlichen Anwandelung von Heimweh nach Hause zu seinem Vater gelaufen wäre; aber kein Mensch hatte dort etwas von ihm gesehen oder gehört. Der Herzog ist aufs Höchste erregt – und was mich anbelangt, so sind Sie ja eben selbst Zeuge meines Zustandes gewesen und haben gesehen, wie nervös und hinfällig ich infolge der Aufregung und der schweren Verantwortung geworden bin. Wenn Sie je Ihre ganze Kraft einsetzen, so flehe ich Sie an, es jetzt zu tun, denn einen lohnenderen Fall werden Sie kaum im Leben wieder bekommen.«

Holmes hatte den Bericht des unglücklichen Schulmannes mit äußerster Spannung angehört. Die tiefen Falten auf seiner Stirne zeigten, dass es keiner besonderen Mahnung bedurfte, um seine ganze Aufmerksamkeit auf ein Problem zu konzentrieren, das, abgesehen von dem großen materiellen Interesse, so recht seiner Vorliebe für das Verwickelte und Außergewöhnliche entsprach. Er nahm sein Taschenbuch heraus und machte sich ein paar Notizen.

»Es war ein großer Fehler, dass Sie nicht eher zu mir gekommen sind«, sagte er dann in strengem Ton. »Die Aufklärung wird dadurch bedeutend schwieriger für mich. Es müsste zum Beispiel sonderbar zugehen, wenn der Efeu und der Rasenplatz einem erfahrenen Beobachter keinen Anhaltspunkt liefern sollte.«

»Mich trifft keine Schuld, Mister Holmes. Seine Hoheit wünschte durchaus, jeden öffentlichen Skandal zu vermeiden. Er fürchtete, dass seine unglücklichen Familienverhältnisse dadurch an den Tag kämen; und davor hatte er eine große Scheu.«

»Aber offiziell ist doch wohl eine Untersuchung eingeleitet?«

»Allerdings. Sie hat aber zu keinem Ergebnis geführt. Es fand sich gleich eine Spur. Wir erhielten alsbald die Nachricht, dass auf einer benachbarten Bahnstation ein Knabe und ein jüngerer Herr, die einen Frühzug benützt hätten, gesehen worden seien. Und vergangene Nacht wurde gemeldet, dass die beiden in Liverpool aufgetaucht seien, aber mit unserer Sache gar nicht in Beziehung ständen. Nach einer schlaflosen Nacht bin ich in meiner Verzweiflung und Bedrängnis mit dem ersten Zug zu Ihnen gefahren.«

»Ich vermute, dass man die falsche Spur verfolgt und darüber die örtliche Untersuchung vernachlässigt hat?«

»Ja, diese hat man vollständig außer Acht gelassen.«

»Auf diese Weise hat man drei Tage verloren. Die ganze Sache ist furchtbar verkehrt angefasst worden.«

»Das fühle ich auch und gebe es unumwunden zu.«

»Und doch müsste sich das Problem lösen lassen. Ich freue mich, bald einen näheren Einblick in die Angelegenheit tun zu können. Haben Sie irgendeinen Zusammenhang zwischen dem fehlenden Schüler und dem deutschen Lehrer herstellen können?«

»Absolut nicht.«

»War der Junge in der Klasse dieses Lehrers?«

»Nein; meines Wissens haben die beiden kein Wort miteinander gewechselt.«

»Das ist allerdings sehr sonderbar. Hatte der Knabe ein Fahrrad?«

»Nein.«

»Fehlte sonst irgendein Rad?«

»Nein.«

»Wissen Sie das genau?«

»Jawohl.«

»Nun, Sie glauben doch wohl nicht im Ernst, dass der deutsche Lehrer im Dunkel der Nacht davongefahren ist und den Jungen im Arm gehabt hat?«

»Gewiss nicht.«

»Wie denken Sie sich denn die ganze Sache?«

»Vielleicht hat er das Rad nur zum Schein mit weggenommen, es dann irgendwo verborgen und ist doch mit dem Knaben zu Fuß fortgegangen.«

»Das ist nicht unmöglich; freilich wäre es immerhin eine eigentümliche Art der Täuschung, nicht wahr? Standen noch mehr Fahrräder in dem Schuppen?«

»Verschiedene.«

»Sollte er dann nicht lieber zwei versteckt haben, wenn er glauben machen wollte, sie seien per Rad entflohen?«

»Man sollte es wohl annehmen.«

»Natürlich würde er das getan haben. Die Theorie, dass er dadurch eine Irreführung beabsichtigt habe, stimmt also nicht. Außerdem ist ein Rad kein Gegenstand, der sich so leicht verbergen oder vernichten lässt. Nun noch eine Frage. Hat der Junge am Tage vor seinem Verschwinden Besuch gehabt?«

»Nein.«

»Hat er auch keine Briefe bekommen?«

»Ja, einen.«

»Von wem?«

»Von seinem Vater.«

»Pflegen Sie die Briefe an Ihre Zöglinge zu öffnen?«

»Nein.«

»Woher wissen Sie dann, dass der Brief von seinem Vater war?«

»Weil der Umschlag das Wappen des Herzogs trug, und weil die Adresse, wie ich an der Handschrift sah, von ihm selbst geschrieben war.«

»Wie lange vorher hatte er keine Briefe erhalten?«

»Mehrere Tage nicht.«

»Ist je ein Brief aus Frankreich an ihn gekommen?«

»Nein, niemals.«

»Sie werden an meinen Fragen merken, worauf ich hinauswill. Entweder ist der Junge mit Gewalt entführt worden, oder er ist freiwillig gegangen. Im letzteren Fall muss von außen aus ihn eingewirkt worden sein, denn ein Knabe von zehn Jahren tut so etwas nicht aus eigenem Antrieb. Wenn er nun keinen Besuch gehabt hat, so muss diese Einwirkung schriftlich ausgeübt worden sein. Aus diesem Grund erkundige ich mich nach seinem Briefwechsel.«

»Ich fürchte, dass ich Ihnen darüber wenig sagen kann. Soviel mir bekannt ist, war der Vater sein einziger Korrespondent.«

»War das Verhältnis zwischen Vater und Sohn ein herzliches?«

»Seine Hoheit ist gegen niemanden besonders freundlich. Er wird vollständig von den großen politischen Fragen in Anspruch genommen und hat für die gewöhnlichen menschlichen Regungen nichts übrig. Aber in seiner Art war er gegen den Knaben immer gut.«

»Trotzdem waren die Sympathien des Kindes aufseiten der Mutter?«

»Ja.«

»Sagte er das selbst?«

»Nein.«

»Der Herzog doch nicht?«

»Gott behüte, auf keinen Fall.«

»Woher wissen Sie's dann?«

»Ich habe ein paar vertrauliche Unterredungen mit dem Sekretär des Herzogs, Mister Wilder, gehabt und in deren Verlauf über die Herzensneigung des jungen Lords Aufschluss bekommen.«

»Ich verstehe. Wurde der letzte Brief des Herzogs, nachdem der Junge fort war, in seinem Zimmer gefunden?«

»Nein; er hatte ihn mitgenommen. – Ich glaube, Mister Holmes, es ist Zeit, dass wir aufbrechen.«

»Ich will einen Wagen bestellen. In einer Viertelstunde werden wir Ihnen zu Diensten sein. Falls Sie nach Hause telegrafieren, Herr Direktor, so tun Sie nur so, als ob wir noch die Spur in Liverpool weiter verfolgen wollten. Unterdessen werde ich in aller Stille ganz in Ihrer Nähe arbeiten, und möglicherweise gelingt es zwei so alten Spürhunden wie Dr. Watson und mir, die Fährte Ihrer zwei Flüchtlinge doch noch auszuschnüffeln.«

Gegen Abend erreichten wir das Heim des Mister Huxtable; es war schon dunkel, als wir die berühmte Anstalt betraten. Im Hausflur auf einem Tisch lag eine Visitenkarte, und der Diener flüsterte seinem Herrn etwas ins Ohr, worauf uns dieser sehr erregt mitteilte, dass der Herzog und sein Sekretär, Mister Wilder, im Sprechzimmer warteten.

»Kommen Sie mit, meine Herren«, fuhr er dann fort, »ich werde Sie sogleich vorstellen.«

Ich kannte natürlich die Bilder des berühmten Staatsmannes sehr wohl, aber er sah in Wirklichkeit ganz anders aus. Er war ein schlanker, stattlicher Herr mit langem, aristokratischem Gesicht und einer Nase von seltener Krümmung und Länge; seine Kleidung war sehr sorgfältig. Die kreideweiße Gesichtsfarbe trat durch den langen, hellroten Vollbart noch stärker hervor. Er sah uns streng an. Neben ihm stand sein Privatsekretär, ein blutjunger Mann, klein und gewandt, mit klugen hellblauen Augen und lebhaftem Gesichtsausdruck. Er eröffnete auch sofort die Unterhaltung; sein Ton war schneidend und bestimmt.

»Ich kam bereits heute früh in Ihre Wohnung, Herr Direktor, leider zu spät, um Ihre Reise nach London zu verhindern. Ich hörte, dass der Zweck derselben war, Mister Sherlock Holmes den Fall zu übergeben. Seine Hoheit ist ungehalten darüber, dass Sie diesen Schritt getan haben, ohne vorher seine Einwilligung einzuholen.«

»Als ich erfuhr, dass die Polizei eine falsche Fährte verfolgte –«

»Seine Hoheit ist durchaus nicht der Ansicht, dass die polizeiliche Spur falsch ist.«

»Aber sicher, Mister Wilder –«

»Sie wissen sehr wohl, Herr Direktor, dass Seine Hoheit in erster Linie jeden öffentlichen Skandal vermieden haben will. Er wünscht, so wenig Menschen wie möglich ins Vertrauen zu ziehen.«

»Die Sache ist ja leicht wiedergutzumachen«, antwortete schüchtern Mister Huxtable; »Mister Holmes kann morgen mit dem ersten Zug gleich wieder nach London zurückkehren.«

»Das werde ich schwerlich tun, Herr Direktor«, versetzte Holmes ganz sanftmütig. »Die nordische Bergluft ist sehr kräftigend und angenehm, und ich beabsichtige daher, einige Tage auf dem Moor zu verleben und mir nach meinem Belieben die Zeit zu vertreiben. Ob ich freilich bei Ihnen wohne oder im Gasthaus, darüber haben Sie natürlich zu entscheiden.«

Ich merkte, dass sich der unglückliche Direktor in der größten Verlegenheit befand. Zum Glück kam ihm der Herzog selbst zu Hilfe. Mit tiefer, starker Stimme sagte er:

»Ich muss Mister Wilder beistimmen, dass es besser gewesen wäre, Direktor Huxtable, wenn Sie mich vorher gefragt hätten. Da Mister Holmes jedoch bereits ins Vertrauen gezogen ist, würde es töricht sein, wenn wir seine Dienste nicht benutzen wollten. Sie brauchen nicht ins Gasthaus zu gehen, Mister Holmes, ich würde mich vielmehr freuen, wenn Sie mit mir nach Holdernesse Hall kommen und dort mein Gast sein wollten.«

»Ich danke Eurer Hoheit. Im Interesse meiner Nachforschungen halte ich es aber für zweckmäßiger, hier zu bleiben, wo die Sache passiert ist.«

»Ganz wie Sie wollen, Mister Holmes. Mister Wilder und ich sind selbstverständlich gerne bereit, Ihnen jede gewünschte Auskunft zu erteilen.«

»Ich werde Sie wahrscheinlich später im Schloss besuchen müssen«, erwiderte Holmes. »Jetzt möchte ich Sie nur noch fragen, ob Sie sich selbst bereits eine Meinung darüber gebildet haben, wie das plötzliche geheimnisvolle Verschwinden Ihres Sohnes wohl zu erklären ist?«

»Nein, ich habe noch keine.«

»Entschuldigen Sie, wenn ich einen für Sie peinlichen Punkt berühre, ich kann jedoch nicht umhin. Glauben Sie, dass die Herzogin ihre Hand dabei im Spiel hat?«

Der Minister zögerte begreiflicherweise etwas.

»Ich glaube nicht«, sagte er endlich.

»Die andere einleuchtende Erklärung würde dann sein, dass das Kind geraubt oder entführt ist, um ein Lösegeld zu erpressen. Ist noch keine derartige Aufforderung an Sie ergangen?«

»Nein.«

»Noch eine Frage, Euere Hoheit. Soviel ich verstanden habe, haben Sie Ihrem Sohne am Tage vor der unheilvollen Nacht einen Brief geschrieben.«

»Nein, am Tag vorher.«

»Jawohl, aber der Brief ist an diesem Tage angekommen?«

»Ja.«

»Stand vielleicht irgendetwas darin, was den Jungen zu einem solchen Schritt veranlasst haben könnte?«

»Nein, durchaus nicht.«

»Haben Sie den Brief persönlich zur Post gegeben?«

An Stelle des Herzogs erwiderte sein Sekretär, indem er erregt ins Wort fiel:

»Seine Hoheit pflegt überhaupt keine Briefschaften persönlich aufzugeben. Der Brief lag mit anderen auf seinem Arbeitstisch, und ich habe die Sachen selbst befördert.«

»Wissen Sie genau, dass dieser Brief dabei war?«

»Jawohl; ich habe ihn bemerkt.«

»Wie viele Briefe haben Euere Hoheit an jenem Tage geschrieben?«

»Zwanzig bis dreißig; ich habe eine sehr umfangreiche Korrespondenz. Doch ist das nicht nebensächlich?«

»Nicht ganz«, sagte Holmes.

»Ich habe aus eigenem Antrieb«, fuhr der Herzog fort, »der Polizei geraten, ihre Aufmerksamkeit nach Südfrankreich zu richten. Ich habe schon erwähnt, dass ich zwar nicht glaube, dass die Herzogin eine solche Tat unterstützt, aber der Junge hatte die absonderlichsten Ideen, sodass es nicht ausgeschlossen erscheint, dass er auf Anstiftung und mithilfe dieses Deutschen zu ihr geflohen ist. Ich glaube, Herr Direktor, dass wir nun ins Schloss zurückkehren können.«

Ich konnte Holmes ansehen, dass er gerne noch mehr Fragen gestellt hätte, aber der Herzog hatte auf diese unerwartete Art das Gespräch plötzlich abgebrochen. Ich fand es begreiflich, dass seiner hoch aristokratischen Natur die Erörterung seiner intimsten Familienverhältnisse mit einem Fremden sehr unangenehm war und dass er fürchtete, jede neue Frage könnte neues Licht in die dunklen Schatten seiner sorgfältig verheimlichten persönlichen Angelegenheiten bringen.

Als der Herzog und sein Sekretär abgefahren waren, machte sich mein Freund sofort mit dem ihm eigenen Eifer an die Arbeit.

Zunächst wurde eine gründliche Untersuchung der Schlafkammer des Jungen vorgenommen; sie hatte jedoch weiter kein Ergebnis, als die Überzeugung in uns zu festigen, dass er nur durch das Fenster entkommen sein konnte.

Auch die Besichtigung des Zimmers des deutschen Lehrers lieferte keine neuen Anhaltspunkte. Er war ebenfalls an dem starken Efeugeranke durch das Fenster hinuntergeklettert, denn wir sahen einen Zweig, der unter seinem Gewicht abgebrochen war, und als wir mit der Laterne den Boden absuchten, fanden wir einen Eindruck auf dem Rasen, wo der Lehrer niedergesprungen war. Das war aber auch die einzige sichtbare Spur dieser rätselhaften nächtlichen Flucht.

Holmes ging dann allein weg und kam erst um elf Uhr wieder. Er hatte sich eine genaue Generalstabskarte von der Gegend verschafft und brachte sie mit in mein Zimmer, wo er sie auf meinem Bett ausbreitete. Nachdem er dann das Licht zurechtgestellt hatte, beugte er sich mit der Pfeife darüber und bezeichnete mir gelegentlich interessante Punkte mit der rauchenden Bernsteinspitze.

»Dieser Fall übersteigt die Grenzen meiner Leistungsfähigkeit, Watson«, sagte er. »Er hat entschieden eigentümliche begleitende Umstände. Wir müssen zuerst die Örtlichkeit genau studieren, das ist für unsere späteren Nachforschungen von größter Wichtigkeit.

»Sieh mal hierher. Dieses dunkle Viereck ist die Klosterschule. Ich will eine Stecknadel dahin stecken. Diese Linie hier bedeutet die Hauptstraße. Sie läuft, wie du siehst, von Westen nach Osten und lässt die Schule links liegen, und ungefähr eine Meile weit zweigt sich kein Seitenweg oder Pfad davon ab. Wenn die zwei Leute überhaupt eine Straße benutzt haben, so muss es unbedingt diese gewesen sein.«

»Allerdings.«

»Infolge eines günstigen Zufalls sind wir nun über die Vorgänge auf dem in Betracht kommenden Teil dieser Straße während der fraglichen Nacht ziemlich genau unterrichtet. An der Stelle, wo ich mit der Pfeife hindeute, stand von zwölf bis sechs ein Gendarm Wache. Es ist, wie du sehen kannst, der erste Kreuzweg nach Osten. Der Mann erklärt nun, dass er seinen Posten keinen Augenblick verlassen hat und mit Bestimmtheit weiß, dass weder ein Knabe noch ein Mann vorbeigekommen ist; er hätte sie unbedingt sehen müssen. Ich habe heute Abend selbst mit ihm gesprochen, und er hat einen durchaus glaubwürdigen Eindruck auf mich gemacht. Sie könnten sich nun westwärts gewandt haben. An diesem Teil des Weges befindet sich ein Wirtshaus, der ›Rote Ochse‹, dessen Besitzerin krank zu Bett lag. Diese hatte nach Mackleton zum Arzt geschickt, der aber zu einem anderen Fall über Land geholt war und darum erst am Morgen ankam. Die Familie war die ganze Nacht auf und wartete, und es hat stets jemand am Fenster gestanden und die Straße entlang nach dem Doktor geguckt. Die Leute behaupten ebenfalls, keinen Menschen gesehen zu haben. Wenn ihre Aussage richtig ist, können wir auch die Flucht nach dieser Richtung ausschalten und überhaupt konstatieren, dass die Flüchtlinge gar keine Straße benutzt haben.«

»Aber sie hatten doch ein Rad«, warf ich ein.

»Ganz recht. Wir werden gleich darauf zu sprechen kommen. Fahren wir nur in unserem Gedankengang fort. Wenn die beiden die Landstraße vermieden haben, müssen sie sich nach Norden oder Süden gewandt haben. So viel steht fest. Wir wollen diese zwei Möglichkeiten gegeneinander abwägen. Südlich von hier erstreckt sich eine weite Fläche urbaren Landes. Diese Felder sind durch Mauern von einander abgegrenzt, die den Gebrauch eines Fahrrades ziemlich unmöglich machen. Diese Annahme können wir also auch fallen lassen. Es bleibt nun bloß noch die nördliche Richtung zu berücksichtigen. Nach dieser Seite zieht sich ein kleiner Hain hin, und jenseits desselben breitet sich ein großes Moor aus, das Lower Gill Moor, das allmählich nach Norden ansteigt. Hier, an der einen Seite dieses öden Landstrichs, liegt Holdernesse Hall, der Straße nach zehn Meilen von hier entfernt, aber über das Moor sind es nur sechs. Dieses Moorland ist sehr unfruchtbar, und nur einige wenige Bauern leben hier von der Schaf- und Rindviehzucht. Bis hinauf auf die Chesterfielder Chaussee bilden diese wenigen Säugetiere und größere Mengen Flugwildes die gesamte Bewohnerschaft dieser Einöde. Dort befindet sich neben ein paar Häuschen und einer Wirtschaft eine Kirche. Unsere Nachforschungen müssen sich zweifellos in dieser Richtung, nach Norden hin bewegen.«

»Aber das Rad?«, warf ich wieder ein.

»Nun«, sagte Holmes etwas pikiert, »ein guter Radfahrer braucht nicht absolut eine Landstraße. Im Moor gibt es viele Pfade, und außerdem war Vollmond. Halt! was soll das bedeuten?«

Es klopfte heftig an die Türe, und im nächsten Moment stand Direktor Huxtable in unserem Zimmer. Er hielt eine blaue Mütze in der Hand.

»Endlich haben wir eine Spur!«, rief er. »Gott sei Dank! Endlich haben wir seine Fährte gefunden! Das ist seine Mütze.«

»Wo ist sie gefunden worden?«

»In einem Zigeunerwagen. Die Zigeuner sind am Dienstag hier durchgekommen und kampierten im Moor. Die Polizei hat sie aufgespürt und die Karawane durchsucht, wobei man dies gefunden hat.«

»Wie haben sie sich über diesen Besitz ausgewiesen?«

»Sie haben Ausflüchte gemacht und gelogen – gesagt, sie hätten sie Dienstagmorgen im Moor gefunden. Die Schurken wissen, wo er ist! Sie sitzen glücklicherweise sicher hinter Schloss und Riegel. Die Furcht vor Strafe oder das Geld des Herzogs wird schon alles aus ihnen herausbringen, was sie wissen.«

Als Huxtable hinaus war, sagte Holmes: »Dieser Umstand beweist wenigstens die Richtigkeit unserer Theorie, dass wir nur in der Richtung des Lower Gill Moors Erfolge zu erwarten haben. Die Polizei hat weiter nichts getan, als diese Zigeuner verhaftet. Sieh, Watson! Hier läuft ein Wassergraben durch das Moor; er ist hier auf der Karte eingezeichnet. An einigen Stellen erweitert er sich zu Morasten, hauptsächlich zwischen Holdernesse Hall und der Schule. Bei dieser trockenen Witterung ist es nutzlos, sonst nach Fußspuren zu suchen, aber dort ist es durchaus nicht aussichtslos. Ich werde dich morgen ziemlich früh wecken, und dann wollen wir zusammen versuchen, ein bisschen Licht in diese geheimnisvolle Sache zu bringen.«

Der Tag brach gerade an, als ich die lange, hagere Gestalt meines Freundes an meinem Bett erblickte. Er war vollständig angekleidet und offenbar schon draußen gewesen.

»Ich habe mir bereits den Rasenplatz und den Fahrradschuppen angesehen, und auch schon einen Spaziergang durch das kleine Wäldchen gemacht. Im Zimmer nebenan steht eine Tasse Kakao für dich bereit, Watson. Ich bitte dich, dich zu beeilen, denn wir haben heute viel vor.«

Seine Wangen waren gerötet und seine Augen glänzten vor Freude, wie sie der Meister empfindet, der sich seiner Aufgabe gewachsen fühlt. Dieser tatkräftige, muntere Mann schien ein ganz anderer zu sein als der in sich gekehrte Träumer in der Bakerstraße. Als ich seine geschmeidige Erscheinung betrachtete, die Lebhaftigkeit und die Energie seines Ausdrucks sah, fühlte ich, dass wirklich eine schwere Arbeit unserer harrte.

Und doch fing unser Werk gleich sehr unglücklich an. Mit den schönsten Hoffnungen wanderten wir über das schmutzig braune Moor mit den unzähligen Pfaden, bis wir an den Rand des breiten, hellgrünen Sumpfes kamen, der zwischen uns und Holdernesse Hall lag. Wenn der Knabe sich heimwärts gewandt hatte, musste er hier durchgekommen sein und Spuren hinterlassen haben. Wir konnten aber weder von ihm noch von dem deutschen Lehrer die geringste Fährte entdecken. Verstimmt ging mein Freund am Rande des Sumpfes hin und prüfte aufmerksam jeden Eindruck auf dem mit Moos bewachsenen Boden. Aber nur Schafe und einige Rinder hatten hier ihre Hufe abgedrückt, von menschlichen Spuren war nichts zu sehen.

»Das ist die erste Enttäuschung«, sagte Holmes, indem er missmutig über das weite Moor schaute. »Dort drüben liegt noch ein anderer Morast. Hallo! was ist das?«

Wir waren auf einen schmalen, schwarzen Pfad gekommen, auf dem wir deutlich die Fährte eines Fahrrades sahen.

»Hurra!«, rief ich. »Wir haben's.« Doch Holmes schüttelte den Kopf und machte eher ein verwundertes als ein erfreutes Gesicht.

»Ein Rad sicherlich, aber nicht das Rad«, sagte er. »Ich kenne zweiundvierzig verschiedene Radspuren. Diese ist von einem Dunlopreifen, der an zwei Stellen geflickt ist. Heidegger hatte aber eine Palmer-Pneumatik, die parallele Rinnen hinterlässt. Es kann also nicht Heideggers Fährte sein.«

»Vielleicht die des Jungen?«

»Das wäre nicht unmöglich. Wir haben aber bis jetzt noch gar nicht nachweisen können, dass der Junge ein Rad mitgenommen hat. Diese Spur führt allerdings, wie du sehen wirst, von der Schule herwärts.«

»Ich glaube eigentlich eher, nach ihr hin.«

»Nein, nein, mein lieber Watson. Den tiefsten Eindruck macht immer das Hinterrad, auf dem das Gewicht des Fahrers ruht. An verschiedenen Stellen, wo das Hinterrad die Spur des Vorderrads durchkreuzt hat, lässt sich nun beobachten, dass die eine Spur tiefer ist als die andere. Der Radfahrer ist zweifellos in der Richtung von der Schule her gekommen. Es mag nun mit unseren Nachforschungen in Zusammenhang stehen oder nicht, jedenfalls wollen wir die Spur rückwärts verfolgen, ehe wir weitergehen.«

Als wir ein paar hundert Meter zurückgewandert waren, wurde der Pfad trocken, und unsere Spur hörte natürlich auf. Wir gingen trotzdem auf demselben Pfad noch ein Stück weiter zurück und kamen an eine feuchte Stelle, wo ein Wässerchen lief. Hier fanden wir wieder die alte Fährte, wenn auch durch eine große Menge Hufspuren von Kühen beinahe verwischt. Dann hörte sie wieder auf. Der

Pfad führte direkt nach dem kleinen Wald vor der Schule. Das Fahrrad musste entschieden dorther gekommen sein. Holmes setzte sich auf einen Stein und versank, das Kinn auf die Hand gestützt, in tiefes Nachdenken. Ich hatte zwei Zigaretten aufgeraucht, ehe er sich erhob. Dann sagte er endlich:

»Allerdings kann ein geriebener Kerl die Spur seines Rades verändern, um die Polizei zu täuschen. Mit einem solchen Verbrecher zu tun zu haben, würde ich stolz sein. Doch, darauf wollen wir jetzt nicht weiter eingehen, sondern wieder nach unserem Sumpf zurückkehren, denn wir haben dort noch viel zu untersuchen.«

Wir fuhren mit unserer systematischen Besichtigung fort und wurden für unsere Ausdauer bald belohnt. Rechts durch den höher gelegenen Teil des Moors schlängelte sich ein feuchter Pfad. Als wir in dessen Nähe kamen, stieß Holmes einen Freudenschrei aus. Mittendurch lief die geriefte Fährte eines Palmerreifens.

»Hier ist Herr Heidegger durchgefahren!«, rief er frohlockend. »Meine Berechnung scheint doch richtig zu sein, Watson.«

»Ich gratuliere.«

»Wir sind aber noch lange nicht am Ziel. Lass uns nun dieser Spur nachgehen. Sie wird, fürchte ich, nicht sehr weit führen.«

Dieser Teil des Moors war jedoch von schwachen, feuchten Vertiefungen durchzogen, sodass wir die Fährte, obgleich wir sie häufig verloren, doch immer wieder fanden.

»Siehst du«, sagte Holmes, »dass der Mann hier zweifellos sein Tempo beschleunigt hat? Das steht sicher fest.

Betrachte dir mal diesen Eindruck, wo man beide Räder unterscheiden kann. Das eine hat genau so tief eingeschnitten wie das andere. Das ist nur dann der Fall, wenn jemand sich stark auf die Lenkstange beugt, wie es bei rascher Fahrt geschieht. Bei Gott! er muss gestürzt sein.«

Wir sahen eine breite, unregelmäßige Fährte, die ein paar Meter lang die Spur verdeckte, einige Fußstapfen, und dann tauchte die alte Radfährte wieder auf.

»Er scheint ausgerutscht zu sein«, sagte ich.

Holmes hielt mir einen abgebrochenen Zweig blühenden Stechginsters hin. Zu meinem Schrecken bemerkte ich, dass die gelben Blüten rote Blutflecken zeigten. Auch auf dem Weg und an dem Heidekraut waren schwarze Flecken von geronnenem Blut.

»Schlimm!«, rief Holmes. »Schlimm! Bleib stehen, Watson! Keinen unbedachten Schritt! Was muss ich daraus entnehmen? Er wurde verwundet und fiel zu Boden, stand wieder auf, sprang wieder aufs Rad und fuhr weiter. Aber von anderen Personen sind keine Spuren da, nur von einigem Vieh hier neben dem Pfad. Er wird doch nicht etwa von einem Bullen aufgespießt worden sein? Nein, das ist nicht möglich! Aber das Fehlen von menschlichen Fußspuren kann ich mir nicht erklären. Wir müssen weiter, Watson. Da wir zwei Fährten haben, können wir nicht mehr fehlgehen.«

Unsere Suche dauerte nicht lange. Die Radspur zeigte allmählich sehr eigentümliche Biegungen und Krümmungen. Plötzlich, als ich nach vorne sah, fiel mein Auge auf einen glänzenden Gegenstand in den dicken Ginsterbüschen. Es war ein Fahrrad, das eine Pedal war verbogen, und vorne war die ganze Maschine schrecklich mit Blut besudelt. Zur Seite des Rades lag der unglückliche Radler. Er war ein großer Mann mit einem Vollbart und einer Brille, deren eines Glas herausgeschlagen war. Die Todesursache war ein furchtbarer Schlag auf den Kopf gewesen, wodurch die Schädeldecke teilweise zertrümmert war. Dass er sich mit einer solchen Wunde noch hatte fortbewegen können, sprach für seine Zähigkeit und Manneskraft. Er hatte Schuhe an, aber keine Strümpfe, und unter dem offenen Rock guckte das Nachthemd hervor. Es war ohne Zweifel der deutsche Lehrer. Holmes drehte die Leiche behutsam herum und untersuchte sie aufmerksam. Dann setzte er sich daneben nieder und dachte eine Zeit lang angestrengt nach. Ich konnte aber an den Falten seiner Stirn erkennen, dass diese fürchterliche Entdeckung seiner Meinung nach unsere Nachforschung nicht besonders förderte.

»Es ist wahrhaftig schwer zu sagen, was man nun tun soll, Watson«, sagte er endlich. »Ich selbst neige dazu, unsere Untersuchung fortzusetzen, denn wir haben schon soviel Zeit verloren, dass wir jede Stunde ausnützen müssen. Andererseits haben wir die Pflicht, die Polizei von unserem Fund in Kenntnis zu setzen und dafür zu sorgen, dass man sich der Leiche dieses unglücklichen Mannes annimmt.«

»Diese Nachricht könnte ich ja übermitteln.«

»Aber ich brauche deine Gesellschaft und deine Hilfe. Warte mal. Dort drüben sticht jemand Torf. Hol ihn her, er kann dann die Polizei hierherführen.«

Ich brachte den Bauern herüber, und Holmes händigte ihm eine Notiz an Direktor Huxtable ein.

»Nun, Watson«, fuhr er dann fort, »wir haben heute

Morgen zwei Spuren aufgefunden; eine von einer Palmer- und eine von einer Dunlop-Pneumatik. Die erste Fährte ist für uns erledigt, und, ehe wir die zweite weiter verfolgen, wollen wir uns erst einmal richtig klarzumachen suchen, was wir wirklich wissen, und das Wesentliche vom Neben- sächlichen und Zufälligen trennen.«

»In erster Linie muss ich dir sagen, dass der Junge ganz sicher freiwillig gegangen ist. Er ist durchs Fenster entflo- hen, entweder allein oder in Begleitung einer zweiten Per- son. Daran ist nicht zu zweifeln.«

Ich stimmte ihm bei.

»Gut, nun wollen wir uns zu dem unglücklichen Lehrer und seinem Schicksal wenden. Der Knabe war vollständig angekleidet, als er floh. Er hat also vorher gewusst, was er wollte. Der Lehrer dagegen ist ohne Strümpfe fortgeeilt, hat also keine Zeit gehabt und kurz entschlossen gehandelt.«

»Zweifellos.«

»Warum ist er fortgegangen? Weil er vom Schlafzimmer- fenster aus den Schüler hat fliehen sehen, weil er ihn ein- holen und zurückbringen wollte. Er nahm sein Rad, fuhr hinter dem Jungen her und fand bei dieser Verfolgung den Tod.«

»So könnte es scheinen.«

»Nun komme ich zum wichtigsten Punkt. Am natür- lichsten würde es sein, dass ein Mann, der einen kleinen Jungen verfolgt, hinter ihm herläuft, weil er weiß, dass er ihn so bald einholen kann. Der Deutsche tut das nicht; er bedient sich des Rades. Ich habe erfahren, dass er ein aus- gezeichneter Radler war. Er würde nicht zu diesem Mittel gegriffen haben, wenn er nicht gesehen hätte, dass auch der

Junge schnellgehende Hilfsmittel auf seiner Flucht zur Verfügung hatte.«

»Das andere Rad.«

»Lass uns erst weiter schließen. Die Leiche liegt fünf Meilen von der Schule – der Tod ist, wohlgemerkt, nicht durch eine Kugel herbeigeführt worden, die möglicherweise ja auch ein Junge abschießen kann, sondern durch einen wuchtigen Schlag von einem starken Mannesarm. Der Knabe muss also einen Gefährten auf seiner Flucht gehabt haben. Diese Flucht ist eine sehr eilige gewesen, denn ein guter Radfahrer hat fünf Meilen gebraucht, ehe er die Flüchtlinge eingeholt hat. Wir untersuchen das Gelände am Tatort. Was finden wir? Nur ein paar Hufspuren von Rindern, sonst nichts. Ich habe die ganze Umgegend in einem weiten Umkreis durchforscht, aber innerhalb fünfzig Metern ist kein Weg. Irgendein anderer Radfahrer konnte kein Interesse an der Ermordung haben. Übrigens waren auch keine Spuren eines Menschen zu sehen.«

»Holmes«, rief ich, »so ist's unmöglich!«

»Wunderbar!«, antwortete er. »Eine sehr richtige Bemerkung. Es ist unmöglich, wie ich es darstelle, also muss meine Beweisführung in irgendeiner Hinsicht nicht ganz richtig sein. Nun denke selbst mal darüber nach. Kannst du mir einen falschen Punkt darin angeben?«

»Könnte er sich nicht durch einen Sturz die Verletzung zugezogen haben?«

»Auf weichem Sumpfboden, Watson?«

»Dann weiß ich auch nicht.«

»Nur nicht gleich den Mut verlieren! Wir haben schon schwierigere Probleme gelöst. Wir haben wenigstens genug

Material, wir müssen's nur richtig verwerten. Komm jetzt, nachdem die Palmerspur abgetan ist, wollen wir uns nach der anderen von dem Rad der Firma Dunlop umschauen und sehen, was wir dabei für ein Resultat finden.«

Wir nahmen jene Spur wieder auf und verfolgten sie vorwärts. Aber nach kurzer Zeit kamen wir an einen Graben, jenseits dessen das Moor allmählich in eine sanft ansteigende Heidelandschaft überging, wo wir keine Spuren mehr erwarten konnten. Von der Stelle, wo wir zum letzten Mal die Fährte des geflickten Dunlopreifens sahen, konnte sie ebensowohl nach Holdernesse Hall hinüberführen, dessen stattliche Türme wir einige Meilen links emporragen sahen, wie hinauf nach dem kleinen Dörfchen an der Chesterfielder Chaussee.

Als wir in die Nähe des verheißungsvollen Wirtshauses mit einem Kampfhahn über dem Eingang kamen, stieß Holmes plötzlich einen Schrei aus und erfasste meine Schulter, um nicht hinzufallen. Er hatte sich den Fuß vertreten. Er humpelte beschwerlich nach der Tür zu, in der ein stämmiger, dunkeler Mann stand und eine Tonpfeife rauchte.

»Wie geht's, Mister Hayes?« redete ihn Holmes an.

»Wer sind Sie denn, und woher wissen Sie meinen Namen?«, antwortete der Wirt, indem Argwohn aus seinen listigen Augen blitzte.

»Ei! er steht ja über Ihrer Tür. Und den Besitzer eines Hauses zu erkennen ist nicht schwer. Haben Sie nicht irgendein Fuhrwerk?«

»Nein, das hab ich nicht.«

»Ich kann kaum mit dem Fuß auftreten.«

»Dann lassen Sie's doch bleiben.«

»Aber ich kann nicht richtig gehen.«

»Dann hüpfen Sie doch.«

Mister Hayes' Benehmen war nicht gerade entgegenkommend und höflich, aber Holmes nahm es merkwürdig gut hin.

»Schauen Sie her, lieber Mann«, sagte er. »Die Geschichte kommt mir jetzt wahrhaftig sehr ungelegen. Ich muss weiter und weiß nicht, wie ich fortkommen soll.«

»Ich weiß auch nicht«, erwiderte der grobe Wirt.

»Die Sache ist sehr dringend. Ich gebe Ihnen einen Sovereign, wenn Sie mir ein Rad verschaffen; wenn ich auch nur mit dem einen Bein treten kann, so komme ich doch noch rascher und bequemer weiter als zu Fuß.« Der Wirt spitzte die Ohren.

»Wo woll'n S'e denn hin?«

»Nach Holdernesse Hall.«

»Wohl zum Herzog selbst?«, sagte der Wirt, indem er höhnisch auf unsere mit Dreck bespritzten Hosen blickte.

»Er wird denn doch froh sein, wenn wir kommen.«

»Warum?«

»Weil wir ihm Nachricht von seinem Sohn bringen.«

Der Wirt fuhr sichtlich zusammen.

»Was, Sie sind ihm auf der Spur?«

»Er ist in Liverpool gesehen worden. Man hofft, ihn jede Stunde wiederzubekommen.«

Da veränderte sich das Gesicht des Wirtes wieder, und er wurde rasch vergnügt.

»Ich hab ebenso wenig Grund, dem Herzog wohlgesinnt zu sein, wie die meisten anderen Leute«, sagte er. »Ich war früher sein Leibkutscher, aber er hat mich furchtbar schlecht behandelt. Auf die Verdächtigung eines verlogenen Getreidehändlers hin hat er mich gleich 'nausgeworfen. Aber ich freue mich doch, dass der junge Lord in Liverpool gesehen worden ist, und will Ihnen behilflich sein, diese Botschaft zu übermitteln.«

»Ich danke Ihnen«, sagte Holmes. »Wir wollen aber erst etwas essen. Dann können Sie das Rad herbringen.«

»Ich hab kein Rad.«

Holmes zeigte ihm das Goldstück.

»Mann, ich sage Ihnen doch, dass ich keins hab. Ich will Ihnen aber ein Paar Pferde geben.«

»Schön«, antwortete Holmes. »Wir wollen die Sache nach dem Essen abmachen.«

Als wir allein in der Küche waren, bemerkte ich, wie erstaunlich schnell meines Freundes Fußverstauchung geheilt war. Es war im Dunkelwerden, und wir hatten seit dem frühen Morgen nichts gegessen; brauchten aber trotzdem ziemlich viel Zeit, ehe wir mit unserem Mahl fertig waren. Holmes war in Gedanken versunken und ging ein paarmal ans Fenster und sah sich um. Man blickte in einen schmutzigen Hof. In der gegenüberliegenden Ecke befand sich eine Schmiede, worin ein Geselle an der Arbeit war. Auf der anderen Seite befanden sich die Ställe. Holmes hatte sich nach seinen Exkursionen wieder auf seinen Platz gesetzt, aber plötzlich sprang er auf und rief mit lauter Stimme:

»Wahrhaftig, Watson, ich glaub, ich hab's raus! Ja, ja, so ist's. Erinnerst du dich noch, Watson, dass du heute Spuren von Kühen gesehen hast?«

»Jawohl, mehrere.«

»Wo?«

»Nun, allenthalben. Im Sumpf und auf dem Pfad und auch in der Nähe der Stelle, wo der arme Heidegger den Tod gefunden hat.«

»Allerdings. Nun sag mir mal, Watson, wie viel Kühe hast du eigentlich auf dem Moor gesehen?«

»Nicht eine einzige, soweit ich mich entsinnen kann.«

»Sonderbar, Watson, dass man überall Rinderspuren sieht und keine Kühe, sehr sonderbar, Watson, wie?«

»O ja, das ist freilich merkwürdig.«

»Nun, denk mal nach, mein Lieber! Kannst du dir diese Spuren noch richtig vorstellen?«

»Jawohl.«

»Kannst du dich noch erinnern, dass diese Fährten zuweilen dieses Bild zeigten« – er legte eine Anzahl Brotkrumen in folgender Weise zusammen – : : : : : – »und manchmal so aussahen – : · : · : und verschiedentlich wieder so – . · · . · . – kannst du dich noch darauf besinnen?«

»Nein, so genau habe ich sie nicht beobachtet.«

»Aber ich. Ich könnte darauf schwören. Wir können jedoch zurückgehen und nachsehen, wenn du willst. Wie verblendet bin ich doch gewesen, dass ich daraus keine Schlüsse gezogen habe!«

»Ja, was willst du denn daraus folgern?«

»Weiter nichts, als dass es eine komische Kuh gewesen sein muss, die Schritt geht, Trab läuft und Galopp rennt. Bei Gott, Watson, das war kein dummer Bauer, der eine solche Täuschung ausgedacht hat! Die Luft scheint rein zu sein, wenn wir von dem Burschen in der Schmiede absehen. Wir wollen uns hinausschleichen und sehen, was wir entdecken können.«

In dem baufälligen Stall standen zwei struppige Pferde. Holmes hob bei dem einen den Hinterhuf auf und musste laut lachen.

»Alte Eisen, aber frisch aufgelegt – alte Eisen und neue Nägel. Dieser Fall ist einzig. Lass uns hinübergehen in die Schmiede.«

Der Geselle arbeitete weiter, ohne uns zu beachten. Ich sah, wie Holmes mit seinen Blicken auf dem Boden unter den umherliegenden Eisen- und Holzstücken eifrig suchte. Plötzlich hörten wir einen schweren Schritt, und hinter uns stand der Wirt. Er schaute uns wütend an, in seinem finsteren Gesicht zuckte es vor Zorn, und in der Hand hatte er ein kurzes Stück Eisen mit einem schweren Knopf. Er kam in einer Weise auf uns zu, dass ich recht froh war, meinen Revolver in der Tasche zu haben.

»Ihr verfluchten Spione!«, schrie er uns an. »Was macht ihr hier?«

»Ei, Mister Hayes«, antwortete Holmes kaltblütig, »man möchte fast glauben, Sie fürchteten, dass wir etwas finden könnten.«

Mit großer Anstrengung bezwang der Mann seine Wut und zeigte ein erzwungenes Lachen. Er sah dabei jedoch noch gefährlicher aus als vorher.

»In meiner Schmiede werden Sie nichts Verdächtiges finden«, sagte er. »Aber trotzdem bin ich kein Freund von Leuten, die ohne meine Erlaubnis alles durchstöbern, und es ist mir am liebsten, wenn Sie möglichst bald Ihre Rechnung bezahlen und machen, dass Sie fortkommen.«

»Schön, Mister Hayes – nichts für ungut«, erwiderte Holmes. »Wir haben uns nur Ihre Pferde angesehen, aber ich hoffe, dass ich wieder gehen kann. Es ist wohl nicht zu weit.«

»Nur zwei Meilen. Den Weg rechts.« Er guckte mit finsteren Blicken hinter uns her, bis wir sein Gehöft verlassen hatten.

Wir gingen aber nicht weit auf der bezeichneten Straße. Sobald wir um die Ecke herum waren, sodass uns der Wirt nicht mehr sehen konnte, blieb Holmes stehen.

»In diesem Wirtshaus hat man uns warm gemacht«, sagte er dann. »Jeden Schritt weiter werde ich kühler. Nein, nein; ich muß noch einmal dahin zurück.«

»Ich bin fest überzeugt«, antwortete ich, »dass dieser Hayes alles weiß. Ich habe im Leben keinen Kerl gesehen, der sich so verraten hätte.«

»Ah! einen solchen Eindruck hat er auf dich gemacht, wirklich? Die Pferde, die Schmiede. Es ist sicher ein interessanter Ort, dieser ›Kampfhahn‹. Ich hoffe, dass wir ihn ein anderesmal in einer weniger aufdringlichen Weise besichtigen können.«

Hinter uns zog sich eine lange Straße am Fuße eines Hügels hin. Wir waren vom Wege abgegangen und wanderten querfeldein nach Holdernesse Hall zu. Als ich zufällig emporblickte, sah ich einen Radfahrer rasch die Landstraße herunterkommen.

»Bück dich, Watson!«, rief Holmes und drückte mich gleichzeitig nieder. Wir hatten uns kaum so verborgen, dass er uns nicht erkennen konnte, als er an uns vorbeisauste. In einer Staubwolke bemerkte ich für einen Moment ein blasses, erregtes Gesicht – ein Gesicht, in dem jeder einzelne Zug Schrecken und Furcht verriet: Der Mund stand weit offen und die vorgetretenen Augen stierten geradeaus. Es erschien mir wie eine Karikatur des flinken kleinen Wilder, den wir am gestrigen Abend gesehen hatten.

»Der Sekretär des Herzogs!«, rief Holmes. »Komm, Watson, wir wollen hinter ihm her und sehen, was er macht.« Wir kletterten von Fels zu Fels, bis wir nach ein paar Augenblicken einen Punkt gefunden hatten, von dem aus wir den Eingang zum Wirtshaus überblicken konnten. Wilders Fahrrad war an die Mauer daneben gelehnt. Um das Haus herum war kein Mensch zu sehen, auch an den Fenstern zeigte sich kein Gesicht. Langsam sank die Dämmerung hernieder, und nachdem es dunkel geworden war, bemerkten wir im Hofe des Wirtshauses die Lichter zweier Wagenlaternen, und kurz danach hörten wir den Hufschlag der Pferde. In rasendem Tempo fuhr ein Geschirr nach Chesterfield zu.

»Was hältst du davon, Watson?«, flüsterte mir Holmes zu.

»Es macht den Eindruck einer Flucht.«

»In dem Fuhrwerk saß, soweit ich sehen konnte, nur ein einzelner Mann. Doch war es sicher nicht Mister Wilder, denn er steht ja dort im Eingang.«

In der Mitte eines hellen Lichtscheines, der durch die Haustür fiel, konnte man die dunkele Gestalt des Sekretärs erkennen; er steckte den Kopf hinaus und starrte in die Nacht. Er wartete offenbar auf jemanden. Dann hörte man Tritte auf der Straße, sah eine zweite Person in dem Lichtschein; die Tür wurde zugemacht, und alles war wieder finster. Nach etwa fünf Minuten wurde in einem Zimmer des ersten Stockwerks eine Lampe angezündet.

»Der ›Kampfhahn‹ scheint eigentümliche Gäste zu haben«, meinte Holmes.

»Das Schanklokal liegt auf der anderen Seite.«

»Ganz recht. Das sind sogenannte Logiergäste. Was in aller Welt mag dieser Wilder um diese späte Stunde in einer solchen Kneipe zu schaffen haben, und wer mag sein Gefährte sein, der mit ihm dort zusammentrifft? Komm, Watson, wir müssen's wirklich wagen und uns die Geschichte etwas in der Nähe betrachten.«

Wir schlichen uns zusammen auf die Straße und krochen hinüber nach dem Eingang zum Wirtshaus. Das Rad stand noch an der Mauer. Holmes steckte ein Streichholz an und hielt es an das Hinterrad; und ich hörte ihn leise lachen, als er die Reparatur und den Reifen von Dunlop gewahr wurde. Gerade über uns befand sich das erleuchtete Fenster.

»Ich muss entschieden einen Blick durch die Scheiben werfen, Watson. Wenn du dich bückst und an der Mauer festhältst, glaube ich's fertigzubringen.«

Im nächsten Moment stand er auf meinen Schultern. Er war jedoch kaum oben, als er auch schon wieder unten war.

»Komm, mein Lieber«, sagte er. »Wir haben heute lange genug gearbeitet, und ich glaube, auch genug erreicht. Es ist noch ein tüchtiger Marsch nach der Schule, und je früher wir uns auf den Weg machen, umso besser.«

Während unserer mühseligen Wanderung über das Moor sprach er kein Wort, er ging auch nicht in die Klosterschule, als wir ankamen, sondern zunächst nach der Station Mackleton, wo er einige Depeschen aufgeben konnte. Spät in der Nacht hörte ich ihn noch den Direktor Huxtable trösten, der durch das traurige Ende seines Lehrers tief erschüttert worden war, und noch später kam er ebenso munter und kräftig in mein Zimmer, wie er am Morgen beim Aufbruch gewesen war. »Es geht alles gut, lieber Freund«, sagte er zu mir. »Ich verspreche dir, dass wir vor morgen Abend das Geheimnis aufgedeckt haben.«

*

Am nächsten Morgen um elf Uhr wandelten wir durch die berühmte Taxusallee von Holdernesse Hall. Wir wurden durch den prächtigen Elisabetheingang in das Arbeitszimmer des Herzogs geführt.

Dort fanden wir Mister Wilder. Er war bescheiden und höflich, aber in seinen Augen und Zügen lag noch eine Spur des Schreckens von der vorhergehenden Nacht.

»Sie wünschen Seine Hoheit zu sprechen? Es tut mir leid; aber der Herzog ist tatsächlich durchaus nicht wohl. Er ist durch die tragische Neuigkeit von gestern sehr aufgeregt worden. Wir erhielten am Nachmittag ein Telegramm von Direktor Huxtable, worin er uns Ihre Entdeckung mitteilte.«

»Ich muss aber den Herzog sehen, Mister Wilder.«

»Er ist noch in seinem Schlafzimmer.«

»Dann will ich ihn dort sprechen.«

»Ich glaube, er liegt sogar noch zu Bett.«

»So will ich ihn dort sprechen.«

Das kalte und unerschütterliche Wesen meines Freundes mochte dem Sekretär wohl sagen, dass es nutzlos sei, weitere Einwendungen zu machen.

»Also gut, Mister Holmes; ich werde ihm sagen, dass Sie hier sind.«

Nach etwa einer halben Stunde trat der Minister herein. Sein Gesicht war leichenähnlicher als je zuvor, er ging niedergebeugt und machte mir einen viel älteren Eindruck als am ersten Tage. Er begrüßte uns höflich und setzte sich an seinen Schreibtisch, sodass sein roter Bart auf die Tischplatte herabhing.

»Nun, Mister Holmes?«, begann er.

Mein Freund fasste jedoch den Sekretär scharf ins Auge, welcher neben dem Stuhl seines Herrn stand.

»Ich würde in der Abwesenheit des Mister Wilder freier sprechen können, Hoheit.«

Der Sekretär wurde noch einen Ton weißer und warf meinem Freund einen bösartigen Blick zu.

»Wenn Eure Hoheit wünschen –«

»Ja, ja; es ist besser, wenn Sie gehen. Nun, Mister Holmes, was haben Sie mir mitzuteilen?«

Mein Freund wartete, bis sich hinter dem abtretenden Sekretär die Tür geschlossen hatte, dann antwortete er:

»Mister Huxtable hat meinem Kollegen Doktor Watson und mir die Mitteilung gemacht, dass Euere Hoheit eine Belohnung in diesem Falle ausgesetzt hätten. Ich möchte das von Ihnen selbst bestätigt haben.«

»Gewiss, Mister Holmes.«

»Sie belief sich, wenn ich recht unterrichtet bin, auf fünftausend Pfund für denjenigen, der Ihnen angeben kann, wo sich Ihr Sohn aufhält?«

»Sehr richtig.«

»Und weitere tausend Pfund demjenigen, der Ihnen die Person oder die Personen namhaft macht, die ihn verborgen halten?«

»Jawohl.«

»Darunter sind doch sicher nicht nur diejenigen verstanden, die ihn entführt haben, sondern auch diejenigen, die ihn jetzt eventuell festhalten?«

»Allerdings, natürlich«, rief der Herzog ungeduldig. »Wenn Sie Ihre Sache gut machen, werden Sie sich bei mir nicht über Knauserei zu beklagen haben.«

Mein Freund rieb sich die mageren Hände und zeigte eine Begehrlichkeit, die mich überraschte, weil ich seine Anspruchslosigkeit kannte.

»Ich glaube, Ihrer Hoheit Scheckbuch liegt dort auf dem Tisch«, sagte er weiter. »Es würde mich freuen, wenn Sie mir einen Wechsel auf sechstausend Pfund ausstellten. Sie können das Geld der Länder-Bank in der Oxforderstraße in London überweisen, wo ich mein Konto habe.«

»Soll das ein Scherz sein?«, antwortete der Herzog, der sich in seinem Stuhl in die Höhe gerichtet hatte und Holmes streng und starr ansah. »Die Sache ist kaum zu einem Ulk geeignet.«

»Allerdings nicht, Hoheit. Ich bin nie im Leben ernster gewesen als jetzt.«

»Was wollen Sie denn also damit sagen?«

»Ich will damit sagen, dass ich die Belohnung verdient habe. Ich kenne den Aufenthaltsort Ihres Sohnes und kenne auch, wenigstens teilweise, die Leute, die ihn festhalten.«

Des Herzogs Bart erschien noch röter und sein Gesicht noch bleicher.

»Wo ist er?«, fragte er mit zitternder Stimme.

»Er ist oder war wenigstens vergangene Nacht im Wirtshaus zum Kampfhahn, ungefähr zwei Meilen von Ihren Toren entfernt.«

Der Herzog sank in seinen Stuhl zurück.

»Und wen beschuldigen Sie? – wer hält ihn versteckt?«

Holmes' Antwort auf diese Frage lautete ganz überraschend. Er ging rasch ein paar Schritte nach vorne und klopfte den Herzog leicht auf die Schulter.

»Sie«, sagte er dann. »Und nun darf ich Euere Hoheit wohl um den Scheck bitten.«

Nimmermehr werde ich die Erscheinung des Herzogs vergessen, als er aufsprang und um sich griff wie jemand, der in einem Abgrund versinkt. Dann setzte er sich mit großer Selbstbeherrschung wieder nieder und verbarg das Gesicht mit seinen Händen. Es dauerte verschiedene Minuten, ehe er sprechen konnte.

»Wie viel wissen Sie?«, fragte er endlich, ohne den Kopf emporzuheben.

»Ich habe Sie gestern Abend zusammen gesehen.«

»Weiß es noch jemand außer Ihrem Freund?«

»Ich habe es niemandem gesagt.«

Der Herzog ergriff mit zitternder Hand eine Feder und schlug das Scheckbuch auf.

»Ich werde mein Wort halten, Mister Holmes. Ich bin im Begriff, Ihre Anweisung auszuschreiben, wenn mir auch Ihre Auskunft nicht sehr angenehm klingt. Als ich die Belohnung aussetzte, dachte ich nicht im Entferntesten daran, dass die Sache eine derartige Wendung nehmen sollte. Aber Sie und Ihr Freund sind doch verschwiegene Leute, Mister Holmes?«

»Ich verstehe Euere Hoheit nicht recht.«

»Dann will ich's Ihnen deutlicher sagen, Mister Holmes. Wenn Sie beide allein den Vorfall kennen, so liegt kein

Grund vor, dass ihn andere erfahren. Zwölftausend Pfund bin ich Ihnen schuldig, nicht?«

Holmes lächelte und schüttelte den Kopf.

»Euere Hoheit, ich habe die Befürchtung, dass sich die Angelegenheit schwerlich so leicht regeln lässt. Wir müssen, den Tod des Lehrers noch in Berücksichtigung ziehen.«

»Davon hat James nichts gewusst. Dafür können Sie ihn nicht verantwortlich machen. Das ist die Tat des rohen Gesellen, den er unglücklicherweise in seinen Dienst genommen hatte.«

»Ich stehe auf dem Standpunkt, Euere Hoheit, dass jemand, der sich eines Verbrechens schuldig macht, moralisch auch die Schuld an einem anderen trägt, das sich aus dem ersten entwickelt.«

»Moralisch, Mister Holmes. Insofern haben Sie zweifellos recht. Aber sicherlich nicht in den Augen des Richters. Ein Mann kann nicht verurteilt werden wegen eines Mordes, bei dem er nicht zugegen war und den er ebenso sehr missbilligt und verabscheut wie Sie selbst. Gleich nachdem er die Untat erfahren hatte, hat er mir ein volles Geständnis abgelegt, einen solchen Schauder und solche Gewissensbisse empfand er darüber. Er hat keine Minute verloren, um mit dem Mörder vollständig zu brechen. Oh, Mister Holmes, Sie müssen ihn retten – müssen ihn retten! Ich beschwöre Sie, retten Sie ihn!« Der Herzog hatte alle Herrschaft über sich verloren. Er lief wie wahnsinnig im Zimmer umher und rang verzweifelt die Hände. Endlich wurde er wieder Herr seiner selbst und setzte sich zum zweiten Mal an den Schreibtisch. »Ich rechne es Ihnen hoch an, dass Sie hierher gekommen sind, ehe Sie irgendeinem anderen etwas gesagt haben«, fuhr er fort. »So können wir wenigstens miteinander beraten, auf welche Weise wir diesen schrecklichen Skandal am besten unterdrücken.«

»Allerdings«, antwortete Holmes. »Dazu gehört jedoch, dass wir ganz offen zueinander sprechen, Hoheit. Ich habe die Absicht, Ihnen nach besten Kräften zu helfen; um das jedoch zu können, muss ich alle Verhältnisse bis ins Kleinste kennen. Ich weiss, dass Sie Mister Wilder in Schutz nehmen wollen und dass er nicht der Mörder ist.«

»Nein; der Mörder ist entkommen.«

Holmes lächelte.

»Euere Hoheit haben wahrscheinlich noch nichts von dem bescheidenen Ruf gehört, dessen ich mich erfreue, sonst würden Sie nicht glauben, dass man mir so leicht entschlüpft. Mister Hayes ist auf meine Veranlassung gestern Abend um elf Uhr in Chesterfield verhaftet worden. Ich habe von dem Ortspolizeiinspektor, ehe ich heute Morgen die Klosterschule verließ, ein diesbezügliches Telegramm bekommen.«

Der Herzog lehnte sich auf seinem Stuhl zurück und sah meinen Freund starr vor Erstaunen an.

»Sie scheinen fast übermenschliche Fähigkeiten zu besitzen«, sagte er nach einer Weile. »Hayes ist also wirklich festgenommen? Ich bin sehr froh, das zu hören, falls es nicht auf James' Schicksal einen ungünstigen Einfluss ausübt.«

»Ihres Sekretärs?«

»Nein, Herr; meines Sohnes.«

Darüber musste nun Holmes staunen.

»Ich gestehe, dass mir diese Enthüllung vollkommen neu

ist, Hoheit. Ich muss Sie ersuchen, sich näher darüber auszusprechen.«

»Ich will Ihnen nichts verheimlichen. Ich stimme mit Ihnen darin überein, dass absolute Offenheit in der verzweifelten Lage, in die wir durch James' Torheit und Neid geraten sind, noch das Beste und Klügste ist. Als blutjunger Mensch, Mister Holmes, liebte ich, wie man nur einmal im Leben lieben kann. Ich bot der Dame die Heirat an, sie schlug es aber aus, weil eine solche Verbindung mich in meiner Karriere schädigen könnte. Wenn sie am Leben geblieben wäre, würde ich nie eine andere zur Frau genommen haben. Sie starb jedoch und hinterließ mir dieses einzige Kind, das ich aus Liebe zu ihr gepflegt und versorgt habe. Der Welt gegenüber konnte ich die Vaterschaft nicht anerkennen; ich gab ihm aber eine sehr gute Erziehung, und als er herangewachsen war, habe ich ihn zu mir genommen. Er erfuhr mein Geheimnis und hat seitdem stets auf seine Ansprüche an mich und auf seine Gewalt gepocht, dass er einen Skandal provozieren könne, der mir furchtbar sein würde. Seine Gegenwart war auch an dem Unglück meiner Ehe mit schuld. Einen besonderen Hass hatte er vom ersten Augenblick an gegen meinen jüngeren Sohn und rechtmäßigen Erben. Sie werden mich vielleicht fragen, warum ich James unter diesen Umständen zu Hause behalten habe. Das geschah nur darum, weil ich seiner Mutter Gesicht in ihm wiedersah, und dieser teuren Erinnerung zuliebe duldete ich alles. Ich fand nicht die Kraft, ihn fortzuschicken. Aber ich fürchtete, er möchte Artur – das ist Lord Saltire – ein Leid antun, und deshalb brachte ich den Kleinen zu seiner eigenen Sicherheit zu Huxtable auf die Schule.

»James kam mit diesem verruchten Hayes, einem meiner Bauern, in Berührung, weil er die Verwaltung führte. Dieser Kerl war ein Schurke von Anfang an, aber merkwürdigerweise wurde James doch vertraut mit ihm. Er hatte immer eine Vorliebe für schlechten Umgang. Als James entschlossen war, Lord Saltire zu entführen, bediente er sich dieses Menschen zur Ausführung seines Planes. Sie werden sich erinnern, dass ich an jenem letzten Tage an Artur geschrieben hatte. Nun, James öffnete den Brief und legte einen Zettel bei, worauf er Artur bat, in einem nahe gelegenen Wäldchen mit ihm zusammenzutreffen. Er mißbrauchte den Namen der Herzogin und veranlasste auf diese Weise das Kind zu kommen. An jenem Abend radelte James hinunter – ich erzähle Ihnen alles so, wie er mir's selbst eingestanden hat – und sagte zu Artur, der sich wirklich eingefunden hatte, dass seine Mutter Sehnsucht nach ihm hätte und auf dem Moor auf ihn wartete; wenn er um Mitternacht wieder in den Wald ginge, würde er einen Mann mit einem Pferd bereit finden, der ihn zu ihr bringen wollte. Der arme Junge fiel darauf herein. Er stellte sich an dem bestimmten Orte ein und traf diesen elenden Hayes mit einem Pony. Artur stieg auf, und sie ritten zusammen los. Sie scheinen nun, wie James erst gestern erfahren hat, verfolgt worden zu sein, wobei Hayes den Verfolger mit dem Stock so wuchtig über den Kopf geschlagen hat, dass der Mann infolge der Verletzung gestorben ist. Hayes brachte Artur dann in sein Logierhaus, den ›Kampfhahn‹, wo er im oberen Stock in ein Zimmer eingeschlossen wurde, und sich Frau Hayes seiner annahm; sie ist eine gute Frau, muss sich aber ihrem brutalen Manne vollkommen fügen.

»So, Mister Holmes, stand die Sache, als ich Sie vor zwei Tagen zum ersten Mal sah. Sie werden mich hier fragen, was für einen Beweggrund James zu dieser Handlungsweise hatte. In dem Hass gegen meinen Erben war viel Unvernunft und Fanatismus. In seinem Sinn sollte er selbst der Erbe meiner Besitzungen sein, und er empfand die gesetzlichen Bestimmungen, die es unmöglich machen, als sehr ungerecht. Er hatte aber auch noch ein bestimmtes Motiv. Er bestand darauf, dass ich das Testament umstoßen sollte, was seiner Ansicht nach wohl in meiner Macht stände. Er wollte einen Druck auf mich ausüben – Artur mir wiederbringen, wenn ich das Testament änderte und ihm dadurch die Möglichkeit gäbe, seine Erbschaft antreten zu können. Er wusste genau, dass ich nun und nimmer die Hilfe der Polizei gegen ihn in Anspruch nehmen würde. Ich muss hervorheben, dass er mir das zumuten wollte, in Wirklichkeit ist er nicht dazu gekommen, denn es ging zu schnell, und er fand nicht die Zeit, seine Pläne in die Tat umzusetzen.

»Was alle seine bösen Absichten zum Scheitern brachte, war Ihre Auffindung von Heideggers Leiche. Bei dieser Kunde wurde James von Schrecken erfüllt. Sie erreichte uns, als wir gestern in diesem Zimmer zusammensaßen. Direktor Huxtable hatte telegraphiert. James war so von Sorge und Aufregung überwältigt, dass mir mein Verdacht, den ich immer gehabt hatte, augenblicklich zur Gewissheit wurde und ich ihn zur Rede setzte. Er legte freiwillig ein volles Geständnis ab und bat mich nachher, sein Geheimnis nur noch drei Tage zu bewahren, um seinem elenden Genossen Gelegenheit zu geben, seine Person in Sicherheit zu bringen. Ich gab seinen Bitten nach, wie ich immer nachgegeben habe. James fuhr sofort nach dem Wirtshaus, um Hayes zu warnen und ihm die Mittel zur Flucht zu geben. Ich konnte bei Tage nicht hingehen, ohne zu Redereien Veranlassung zu geben, aber sobald es Nacht geworden war, eilte ich hin, um meinen lieben Jungen zu sehen. Ich traf ihn wohl und munter, aber über alle Maßen entsetzt über die Bluttat, deren Zeuge er gewesen war. In Anbetracht meines Versprechens, wenn auch gegen meinen Willen, gab ich meine Einwilligung, den Jungen noch drei Tage unter der Obhut der Frau Hayes zu lassen, denn es war unmöglich, die Polizei von seinem Aufenthalt zu benachrichtigen, ohne gleichzeitig den Mörder zu verraten, und dieser konnte nicht bestraft werden, ohne meinen unglücklichen James mit ins Verderben zu ziehen.

»Sie baten mich um Offenheit, Mister Holmes, und ich habe Ihren Wunsch erfüllt und Ihnen alles ohne Umschweife und Heimlichkeit erzählt. Nun seien Sie Ihrerseits ebenso freimütig gegen mich.«

»Das will ich«, sagte Holmes. »In erster Linie fühle ich mich verpflichtet, Euere Hoheit darauf aufmerksam zu machen, dass Sie sich selbst in eine recht üble Lage gebracht haben. Vom gesetzlichen Standpunkt aus betrachtet, haben Sie sich eines schweren Verbrechens schuldig gemacht, indem Sie einem Mörder mit zur Flucht verholfen haben, denn es unterliegt wohl keinem Zweifel, dass das Geld, welches James Wilder seinem Komplizen zur Flucht übergeben hat, aus Ihrer Tasche gekommen ist.«

Der Herzog nickte zustimmend.

»Dieser Punkt ist nicht leicht zu nehmen. Aber eine noch schwerere Schuld haben Sie durch das Benehmen

Ihrem jüngeren Sohne gegenüber meiner Meinung nach auf sich geladen. Sie lassen ihn drei Tage in einer solchen Räuberhöhle.«

»Nach feierlichen Versprechungen –«

»Was für einen Wert haben Versprechungen bei solchem Volk wie dieses? Wer bürgt Ihnen dafür, dass er nicht wieder weggelockt wird? Um Ihrem schuldigen älteren Sohn einen Gefallen zu tun, haben Sie Ihren unschuldigen jüngeren Sohn einer ungeheueren und unnötigen Gefahr ausgesetzt. Das war sehr unrecht von Ihnen.«

An eine solche Tonart, noch dazu in seinen eigenen Gemächern, war der stolze Lord von Holdernesse nicht gewöhnt.

Seine hohe Stirn wurde rot vor Zorn, aber sein Gewissen hieß ihn schweigen.

»Ich will Ihnen beistehen, aber nur unter einer Bedingung. Sie müssen Ihrem Diener klingeln und mich ihm die Befehle geben lassen, die ich für gut halte.«

Ohne ein Wort zu sagen, drückte der Herzog auf den Knopf der elektrischen Klingel. Ein Lakai trat ein.

»Sie werden sich freuen zu hören, dass Ihr junger Herr wiedergefunden ist«, sagte Holmes zu ihm. »Seine Hoheit wünscht, dass sofort ein Wagen nach dem ›Kampfhahn‹ abgeht, um den Lord Saltire nach Hause zurückzubringen.«

Als der Diener hocherfreut hinausgegangen war, fuhr Holmes fort: »Nachdem wir nun die Zukunft sichergestellt haben, können wir das Vergangene in Ruhe erörtern. Ich bin kein Beamter und habe also keine Veranlassung, alles, was ich weiß, aufzudecken. Was Hayes betrifft, kann ich weiter nichts tun. Er gehört an den Galgen, und ich würde keine Hand rühren, ihn zu retten. Was er offenbaren wird, kann ich nicht sagen. Ich bin aber überzeugt, dass Euere Hoheit ihm zu verstehen geben könnte, dass Schweigen auch in seinem eigensten Interesse liegt. Nach Ansicht der Polizei hat er den Knaben entführt, um ein Lösegeld zu erpressen. Wenn sie selbst nichts weiter herausbringt, so habe ich keinen Grund, ihren Gesichtskreis zu erweitern. Ich möchte Euere Hoheit nur noch darauf aufmerksam machen, dass die weitere Anwesenheit des Mister Wilder in Ihrer Familie nur Unglück über Sie bringen kann.«

»Das begreife ich, Mister Holmes, und es ist schon abgemacht, dass er mich für immer verlassen und in Australien sein Glück versuchen soll.«

»Wenn das der Fall ist, würde ich Ihnen raten, da Sie ja selbst die Schuld an Ihrem ehelichen Unglück seiner Gegenwart zugeschrieben haben, so weit es möglich ist, der Herzogin entgegenzukommen und sie wieder in die früheren Rechte einzusetzen und die alten Beziehungen, die so unglücklich unterbrochen waren, wiederherzustellen.«

»Auch dies habe ich schon in die Wege geleitet, Mister Holmes. Ich habe heute Morgen bereits an die Herzogin geschrieben.«

»Dann können wir Ihnen, glaube ich, gratulieren. Wir können uns aber gleichzeitig auch selbst beglückwünschen, dass unsere kleine Reise nach dem Norden so schöne Erfolge gezeitigt hat. Über etwas möchte ich gerne noch Aufschluss haben. Dieser Hayes hatte seine Pferde mit Eisen beschlagen, die die Abdrücke von Rinderhufen gaben. Hat er diesen ausgezeichneten Kniff von Mister Wilder gelernt?«

Der Herzog besann sich einen Augenblick und machte ein ganz erstauntes Gesicht. Dann öffnete er eine Türe und führte uns in ein großes Zimmer, das wie ein Museum eingerichtet war. Er zeigte uns einen Glasschrank in einer Ecke und deutete auf einen beschriebenen Zettel, dessen Inhalt lautete:

»Diese Eisen wurden beim Umgraben in der Nähe von Holdernesse Hall gefunden. Sie sind für Pferde gemacht, haben auf der unteren Seite aber einen gespaltenen Eisenbeschlag, wie ihn Rinder tragen, um Verfolger in der Fährte zu täuschen. Sie haben wahrscheinlich einem der plündernden Raubritter des Mittelalters gute Dienste geleistet.«

Holmes machte die Glastür auf und strich mit dem feuchten Finger über die Eisen. Der Finger zeigte Spuren von frischem Schmutz.

»Ich danke Ihnen«, sagte er, als er den Vorhang wieder vorschob und die Glastür des Schrankes schloss. »Das ist der zweite, höchst interessante Gegenstand, den ich hier im Norden gesehen habe.«

»Und der erste?«

Holmes faltete als Antwort seinen Scheck zusammen und legte ihn sorgfältig in sein Notizbuch. »Ich bin kein reicher Mann«, sagte er, während er das Buch zärtlich in der Hand hielt und dann in der Tiefe seiner inneren Tasche verschwinden ließ.

THOMAS GSELLA
Beginn einer Freundschaft

»Lieber Herr Wachtmeister, ach, meine Seele!
Wund ist sie worden von dem, was geschah.
Trauernd beklag ich aus tränender Kehle:
Fahrrad, mein Fahrrad, es ist nicht mehr da.

Tatort: der Bahnhof. Grad wollt ich es holen,
Da aber griff es ein Dieb und fuhr fort.
Kaum dass ich dachte: Jetzt wird es gestohlen!,
Rief ich auch schon jenes magische Wort:

›Stehengeblieben!‹ Doch ab durch die Mitte
Raste der Räuber. Ich kriegte ihn nicht.
Darum, Herr Wachtmeister, hier meine Bitte:
Interpretieren Sie dieses Gedicht!«

»Gerne, der Herr! Dann mal ran an den Speck ...
Hm ... ich befürchte, Ihr Fahrrad ist weg.«
»Treffer! Sie reimen? Das find ich ja toll!«
»Gleichfalls, Kollege! Na denn: Protokoll!«

(Beide Arm in Arm ins Nebenzimmer)

Der arme Pilmartine

Schon seit Wochen hatten Plakate verkündet, der Franzose Pilmartine würde einen neuen Fallschirm vorführen. Auf der Siebenhenkerwiese war ein dreißig Meter hoher Holzturm erbaut. Und an dem Sonntag strömten die geputzten Einwohner der kleinen Stadt hinaus.

Es ging vergnüglich, festlich und spannend zu, wie bei jeder ähnlichen Veranstaltung, und als Monsieur Pilmartine in einem Automobil auf der Wiese eintraf, wurde er mit Händeklatschen empfangen. Es folgte eine Ansprache, Musik. Dann sah man den Franzosen unten am Treppenansatz des Turmes verschwinden und bald darauf oben auf der Plattform des Turmes erscheinen, wo er einen ungeheuren Schirm aufspannte.

Totenstille trat ein. Nur der infame Lümmel, der Fidje Pappendeik, der Lehrling vom Bürstenhändler Hohmann, benahm sich auf dem Stehplatz lausejungenmäßig, indem er unentwegt laut grölte: »Abfahrt! Auf Wiedersehen! Adieu!«

Das weite Publikum zischte: »Pst!« Man rief empört: »Maul halten!«, und schließlich: »Raus mit dem Flegel!«

Aber Fidje Pappendeik überschrie alle: »Lasst mich doch, ich fahre jetzt nach dem Monde!« Damit sprang er über die Barriere, lief in die abgesperrte innere Wiese, wo außer einem Arzt, einem Schutzmann, einem Fahrrad, einer Bahre und zwei Sanitätern sich nichts und niemand befand. Fidje Pappendeik aber sprang mit behänder Schnelligkeit auf das Fahrrad, fuhr ein Stück über die holperige Wiese hin, und auf einmal – – ehe jemand daran dachte, den Störenfried – – auf einmal – ohne dass irgendjemand bemerkte – – niemand ahnte oder war darauf gefasst – – kurz, auf einmal hob sich das Fahrrad, und Fidje Pappendeik fuhr auf einem ganz gewöhnlichen Fahrrad, nicht anders, als wie jeder Radfahrer fährt, fuhr aber durch die Luft, auf, über Luft, fuhr schräg aufwärts in die Wolken.

Kurzes Fluchen. Dann tausendfältiges »Ah!« – »Bravo!« Begeistertes Schreien.

Dieses Phänomen war unbeschreiblich aufregend, packend, verblüffend. Hinterher behaupteten alle Teilnehmer, es hätte eine Stunde gedauert. Und vollzog sich so schnell! Denn Fidje Pappendeik mochte noch keine hundert Meter zurückgelegt haben, unten schoss man Gratulationen ihm nach – als er ein schnelleres Tempo anschlug und bald danach zwischen zwei Lämmerwölkchen verschwand.

Flüche und Verwünschungen wurden laut. Dem Arzt war sein Fahrrad, Herrn Hohmann sein Lehrling, den alten Pappendeiks ihr Einziger und einem Zuckerbäcker sein Hauptschuldner entschwunden. Kein Mensch hatte mehr an Pilmartine gedacht. Darüber gebärdete sich der Franzose so wütend, dass er ausrutschend ohne Fallschirm vom Turme fiel; und weil auch sein Genickbruch vom Publikum über dem höheren Ereignis unbeachtet blieb, pumpten sich nun auch der Impresario und das pekuniär und ideell beteiligte Festkomitee mit Zorn auf. Half aber nix.

Die Stadt, die Provinz, die Hauptstadt, die Sportwelt, die Wissenschaft beschäftigten sich mehr und mehr und nach zwei Jahren weniger und weniger mit dem Wunder Fidje Pappendeiks Himmelfahrt. Kam auch nichts heraus. Denn einwandfrei ward nachgewiesen: dass der Sanitätsrat nicht mit im Spiel gewesen war, dass sein Fahrrad ein durchaus normales war und von Pappendeik gestohlen wurde und dass Pappendeik selber einen in jeder Beziehung ordinären Menschen und Lehrling darstellte.

Da Vater Pappendeik das Fahrrad und den Zuckerbäcker sowie einige Beschwichtigungen bezahlte, so blieb nichts übrig als eine sich mehr und mehr entstellende Erinnerung an eine Massenvision und an jemanden, der wirklich weg war.

Drei Jahre waren nach dem Vorfall vergangen, als der Bürstenhändler Hohmann eines Nachts durch Straßenlärm und Glassplitter geweckt wurde. Draußen stand fidel Fidje Pappendeik mit dem Fahrrad.

Lediglich aus Neugierde nahm Herr Hohmann den alten Lehrling wieder auf und war alle Welt zu diesem freundlich. Aber weder dem Bürstenhändler noch irgendjemand anderem, nicht einmal seinen Eltern erzählte Fidje auch nur das Geringste von dem, was er erlebt hatte oder wo er gewesen wäre oder wie er so habe fliegen können. Es kamen Petitionen, Reporter, Professoren, jedoch wenn nicht schon der eifersüchtige Hohmann diese endlosen Wissbegierigen aus dem Hause warf, so erstickte sein Lehrling jedes Interview im Keime, indem er sich plötzlich blödsinnig stellte und stumm Grimassen schnitt oder alle Fragen konstant mit Kopfschütteln beantwortete oder auch gar zu aufdringliche

Beharrlichkeit durch noch aufdringlicheres unanständiges Benehmen in die Flucht jagte. Fidje Pappendeik war der verhassteste Mensch.

Aber obwohl jeder Bürger gelegentlich jedem Bürger einmal versichert hatte, wie er für seine Person es nicht für der Rede wert hielte, sich mit einem unreifen Bengel und einer Jahrmarktsgaukelei noch länger zu befassen, so kochte und gärte doch überall eine alles Dagewesene übertreffende Neugierde. Das Gemüt einer ganzen Stadt blieb in qualvoller Unordnung. Längst war das Fahrrad verrostet, das man so oft fotografiert hatte, ohne dass irgendetwas Auffälliges daran zu entdecken war. Zahllose Bücher waren ohne Resultat geschrieben worden. Und Fidje Pappendeik lebte harmlos vergnügt, durchschnittsmäßig dahin; ohne etwas zu verraten und ohne davon Notiz zu nehmen, dass ein bohrendes Fragezeichen von ihm ausgehend durch die Welt wucherte, welches an Bedeutung beispielsweise das Shakespeare-Bacon-Geheimnis übertraf. Hohmann kündigte seinem Lehrling.

Alle Mitbürger ignorierten den grünen Jungen. Nur der Kommerzienrat Dr. Ernst Levin bewies den Mut zu einer Sympathiebezeugung für Fidje, indem er ihm ein stattliches Vermögen schenkte; starb allerdings gleich darauf an einer Darmfistel.

Fidje Pappendeik war reich geworden, lebte indessen nicht viel anders als bisher, harmlos, vergnügt, durchschnittsmäßig, ohne zu verraten und ohne Kenntnis zu nehmen. Alles bahnte Versöhnung mit ihm an und hasste ihn insgeheim noch grimmiger.

Weil eine ganze Stadt zu ersticken drohte, war es ein Verdienst des Staatsanwaltes Kirschrot, dass er einen Plan ersann zur sicheren und würdevollen Lüftung des Mysteriums.

Kirschrot bestach drei Gasarbeiter mit Enzianschnaps. Die drei Gasarbeiter erhoben Anklage gegen Fidje Pappendeik und beschuldigten ihn:

1. die Tochter des einen Gasarbeiters entführt und verführt zu haben,
2. im Ausland Spionage getrieben zu haben,
3. als fanatischer Anhänger einer kirchlichen Sekte zwei Waisenkinder totgetreten und beraubt zu haben.

Dies alles verübt während der drei Jahre nach seinem Start von der Siebenhenkerwiese.

Dieser hochsensationelle sexual-politische Ritualdoppelraubmord-Prozess musste unter freiem Himmel verhandelt werden. Die gesamte Einwohnerschaft, das rostige Fahrrad und die Siebenhenkerwiese waren zugegen. Die Verhandlung gestaltete sich nach der üblichen Einleitung etwa folgendermaßen:

STAATSANWALT: Wo fuhren Sie zunächst hin?

ANGEKLAGTER: In die Luft.

STAATSANWALT: Hatten Sie ein bestimmtes Ziel und welches?

ANGEKLAGTER: Ja, den Mond.

STAATSANWALT: Erreichten Sie ihn?

ANGEKLAGTER: Nein, ich verirrte mich und geriet auf den Fixstern Glyzerin. *Bewegung im Publikum.*

STAATSANWALT: Was taten Sie dort? Wie ging es zu? Wie lange blieben –? Erzählen Sie der Wahrheit gemäß und recht ausführlich. *Atemlose Stille.*

ANGEKLAGTER: Auf Glyzerin geht es genauso zu wie bei uns, bloß dass die Menschen dort nur von Leberwurst leben. *Heiterkeit.*

STAATSANWALT: Und was taten Sie dort?

ANGEKLAGTER: Ich aß sechs Monate lang Leberwurst. Dann bekam ich den Durchfall, übergab mich und radelte davon. *Lärm, Pfui-Rufe.*

STAATSANWALT: Ich verbitte mir jegliche Kundgebung seitens der Zuhörerschaft, sonst sehe ich mich genötigt, den Ausschluss der Öffentlichkeit zu be – *Atemlose Stille.*

STAATSANWALT: Angeklagter, berichten Sie weiter, genau und ausführlich. Wo fuhren Sie hin? Was trafen Sie wie? Wodurch?

ANGEKLAGTER: Ich geriet auf den Planeten Klopsia. Dort gibt es nur anständige Leute.

STAATSANWALT: Weiter! Weiter! Wieso? Was heißt das? Erzählen Sie doch! Welcher Gestalt taten Sie – ?

ANGEKLAGTER: Ich legte mich in ein Kohlrabibeet, schlief zwei Jahre lang und radelte dann weiter.

STAATSANWALT: Häm – Sonderbar. – In der Tat. Aber die Methode ist uns nicht mehr neu. Wir kommen schon dahinter. Sprechen Sie weiter, Angeklagter. Wo? Nach welcher – ?

ANGEKLAGTER: Ich landete auf dem Seitenmonde Exlibris.

STAATSANWALT: Exlibris?? *Unruhe.*

ANGEKLAGTER: Ja, Exlibris. Dort ging es fürchterlich zu. Hört! Hört!

STAATSANWALT: Fürchterlich? – Ruhe auf der Galerie! – Wollte sagen unter freiem Himmel. – Wieso fürchterlich?

ANGEKLAGTER: Ja. Ich kam todmüde an, entkleidete mich,

ohne recht zu wissen wie, stopfte meine Kleider in den Schrank, kroch ins Bett und schlief gleich ein. Bis das Entsetzliche geschah. *Alle Zuhörer stehen unwillkürlich auf.*

STAATSANWALT: Welches Entsetzliche? Stocken Sie doch nicht fortwährend.

ANGEKLAGTER: Ich erwachte plötzlich. Die Lampe brannte. Da sah ich aus dem Türspalt des Kleiderschrankes einen nackten Arm herausragen, der mir meine zerknüllte Hose reichte, und eine hohle Stimme sagte: »Liederjahn!« Ich sträubte mein Haar, kroch unters Bettdeck. Und als ich wieder erwachte, hatte ich ein halbes Jahr verschlafen. Da radelte ich zur Erde zurück. *Minutenlanger Lärm, dann Stille.*

STAATSANWALT: Angeklagter, Sie haben bisher dreist gelogen.

ANGEKLAGTER: Ja.

STAATSANWALT: Wir wissen Mittel und Wege, Sie zahm zu machen. Aber erklären Sie uns jetzt zunächst einmal, wie Sie es fertigbringen, sich mit einem Fahrrad in die Luft zu erheben.

ANGEKLAGTER: Das kann ich nicht. Ich setze mich einfach drauf und fliege los.

STAATSANWALT: Quatsch! Ich setze mich auch einfach drauf und fliege nicht los. Also!?
Der Angeklagte schweigt.

STAATSANWALT: Können Sie uns den Vorgang vielleicht praktisch vorführen?

ANGEKLAGTER: Ja. *Es wird ihm das rostige Fahrrad gebracht. Angeklagter vormachend* Ich ergreife die Lenkstange erst mit der linken, dann mit der rechten Hand. Dann setze ich den linken Fuß auf das linke Pedal. Dann hole ich ganz, ganz tief Atem. *Allgemeines tiefes Atemholen.*

STAATSANWALT: Das ist recht, so erzählen Sie vernünftig. Fahren Sie fort!

ANGEKLAGTER: Dann fahre ich fort. *Er schwingt sich auf den Sattel und tritt an. Fährt ein Stück über den Rasen, hebt sich dann in die Luft und bewegt sich erst langsam, auf einmal sehr schnell gen Himmel.*

Und kam nie zurück.

REBECCA MARIA SALENTIN

Mit dem Rad am Eisernen Vorhang entlang

Der Iron Curtain Trail – oder Europa-Radweg Eiserner Vorhang – ist unter den europäischen Fernradwegen als EuroVelo 13, kurz EV13, geführt. Der Radweg führt durch zwanzig Länder. Man muss Gebirge, militärische Sperrgebiete und einsame Moorwälder bewältigen. Radreiseführer teilen den fast zehntausend Kilometer langen Weg in fünf größere Abschnitte auf. Die Wegführung wurde dabei nach folgenden Kriterien festgelegt: möglichst nahe der ehemaligen Grenze, diese so oft wie möglich kreuzend, historische Wegstätten integrierend, stark befahrene Straßen vermeidend und auf komfortabel zu befahrenden Wegen verlaufend. Allerdings stellen die Bücher auch klar, dass gerade letztere zwei Punkte noch ausbaufähig sind: Von Kolonnenweg über Autobahnen, Schotter- und Sandpisten ist an miserabler bis gefährlicher Wegqualität alles vorhanden. Dass die durchgängige Befahrbarkeit bisher zwar in der Theorie besteht, es in der Realität an der Strecke aber ganz anders aussieht, werde ich bald merken.

Zum Glück weiß ich noch nicht, dass es sich um eine Höllentour handelt, an der schon Hochleistungssportler scheiterten, dass die meisten spätestens vor dem Balkangebirge kapitulierten, weil der Iron Curtain Trail ein solcher Cours infernal ist, dass er selbst harte Adventure-Knochen und zähe Outdoor-Brocken in die Knie zwang. Auch weiß ich nicht, dass bisher nur von einer Handvoll Leuten bekannt ist, die gesamte Strecke mit reiner Muskelkraft bewältigt zu haben, und dass offiziell nur einer davon es an einem Stück schaffte, und zwar ausgerechnet mit einem Mifa-Klapprädchen. Hätte ich gewusst, dass dieser Radweg eine der größten sportlichen Herausforderungen des europäischen Radwegenetzes ist, weil er im Grunde nur auf dem Papier existiert und die Strecke in der Realität zu großen Teilen nicht befahrbar ist, schon gar nicht mit einem voll bepackten Reiserad, wäre ich vermutlich gar nicht losgefahren.

Davon ausgehend, dass ein EuroVelo ein ordentlicher Radweg ist, versuche ich mich an dieser Monster-Tour. Eine gemütliche, während des sächsischen Triple-Lockdowns zur Corona-Couchpotato mutierte Frau Anfang vierzig, die beim Radfahren von Rentnern und Rentnerinnen überholt wird (ja, auch von denen ohne E-Bike!). Eine Amateurin, die sich vor Rädern ohne Rücktrittbremse fürchtet und deren Expertise in Sachen Fahrrad mit dem Abschrauben einer Ventilkappe endet. Wer das für Koketterie hält, dem sei an dieser Stelle schon mal verraten, dass ich einen beträchtlichen Teil der Strecke mit einer mächtigen Panne absolvieren werde. Aber dazu später mehr …

Ich leide unter der Langsamkeit, mit der ich vorankomme, und fange an, mit meinem Rad zu reden, als ob es sich um ein bockiges Maultier handelte. Warum ist mir der Gaul nach neuntausend Kilometern unterm Sattel nicht treuer ergeben? Die Notwendigkeit der Eheberatung wird wieder dringlicher. Mit einer heiteren Landpartie hat die Tour nichts mehr zu tun. Es ist ein einziges Durchbeißen: durch den Wind, den Regen, die Kälte, die Einsamkeit, die angsterfüllten Nächte. Als ich sogar bergab treten muss, um vorwärtszukommen, ist mir klar, dass die Bremse wieder klemmt. Aber was ich auch unternehme, um sie zu richten, der Effekt hält stets nur wenige Kilometer an. Da bin ich ja bald schneller, wenn ich auf einer rostigen Schere nach Norwegen reite!

Die ockerfarbenen Moorlandschaften sind gefleckt von weißen, plustrigen Sumpfgrasblüten. Der Sturm bläst den Geruch seiner Schandtaten vor sich her: die harzige Frische gefällten Holzes und die modrige Schwere mit Erde behafteter Wurzelballen. Vor denen erschrecke ich mich regelmäßig, weil ich sie für große Tiere halte. Autos begegnen mir nur noch vereinzelt, vielleicht eins alle zwei Stunden, ansonsten treffe ich niemanden, nur Rentiere kreuzen meinen Weg jetzt täglich, darunter auch schneeweiße. Sie kommen teilweise so nah an mein Fahrrad, dass ich sie beinahe berühren kann. Nachts höre ich das Knacken ihrer Gelenke, wenn sie neben meinem Zelt äsen.

Irgendwann ist es so kalt, dass ich selbst als ich einen geöffneten Campingplatz finde und mir ein Mökki miete, nicht mehr warm werde. Das Wasser der heißen Dusche prasselt auf meinen Körper wie auf einen widerspenstigen Eisblock, der einfach nicht schmelzen will. Weder heißer Tee noch die voll aufgedrehte Heizung, eine Wärmflasche und mehrere Wolldecken helfen. Irgendwann schlafe ich trotzdem endlich ein. Morgens bin ich erkältet und fahre trotzdem weiter.

Schneemobil- und Hundeschlittenpisten, Wintersportgebiete mit Skiloipen und Sprungschanzen kreuzt mein Weg. Die Straße schwingt sich in sanften Wellen auf einen Fjäll zu. Die baumlosen Berge heißen auf Finnisch Tunturi. Schneemarkierungsstöcke stehen am Straßenrand und auf Stromkästen.

Ich passiere die Grenze nach Lappland, aber als ich den Polarkreis überschreite, bekomme ich das nicht mit. Wenige Meter davor liegt nämlich ein Nationalparkzentrum, das ich in der Hoffnung auf einen heißen Kaffee ansteuere. Und ich werde nicht enttäuscht.

Kaum habe ich die Tür hinter mir geschlossen, ruft der Betreiber: »Heute ist dein Glückstag, du brauchst nicht mehr radeln, ich nehme dich mit! Setz dich hin, ich mache dir ein Sandwich und einen Kaffee, ich brauche nur noch ein paar Minuten, um hier alles fertig zu machen.«

»Oh wow, danke, das ist lieb! Ich nehme alles an, nur nicht das Sandwich, ich vertrage nämlich kein Gluten …«, erwidere ich völlig überwältigt.

»Ach, ich mach dir ein glutenfreies, kein Problem!« Der Mann winkt ab und verschwindet in der Küche.

Fünf Minuten später futtere ich zwei Stullen und wärme mich am Kaffeepott, während der nette Mann die Einnahmen zählt, die Arbeitsflächen abwischt, das Geschirr spült und alle Räume verschließt. Nebenbei quatschen wir über die Tierwelt.

»Elche, Bären und Wölfe wird es hier immer geben, zumindest solange es keinen Grenzzaun zwischen Russland und Finnland gibt und sie sich frei bewegen können«, erzählt er.

»Ich habe eine irrationale Angst vor dem Vielfraß«, gebe

ich zu. »Ursache: Comics aus meiner Kindheit, die den Vielfraß so hinterlistig und bösartig zeichneten, dass ich ihn für gefährlicher hielt als Grizzlys.«

»Na ja, arglistig ist er schon auf eine Art.« Der Mann grinst. »Manchmal tötet er mehrere Rentiere an einem Tag, weil er nur deren Blut trinkt. Mit seinen Krallen bewegt er sich lautlos und schnell über Eis und Schnee und überfällt die Rentiere, die nicht fliehen können, weil sie immer wieder einbrechen.«

Nachdem er die Rollläden runtergelassen und alle Türen verschlossen hat, lädt er mein Rad behände in seinen Bus, und los geht's. Erstaunlicherweise fühlt sich das erst mal schlecht an: nämlich so, als ob ich schummeln würde. Es braucht ein paar tiefe Atemzüge, bis ich mir selbst sage: Was sollen dieser Perfektionismus und Leistungsdruck? Ich habe die Strecke doch nicht weniger bewältigt, nur weil mich ein netter Finne ein Stück mitnimmt?

Und da wird mir endlich klar, wie sehr ich in der Tradition meiner Familie festhänge, die es sich immer so schwer macht. Dass ich es schaffte, meine Kinder ohne Unterstützung großzuziehen, lag nicht nur daran, dass ich von klein auf gelernt hatte, Verantwortung zu tragen, sodass es für mich keine besondere Herausforderung war, Säugling und Abitur unter einen Hut zu bekommen. Ich wäre nie auch nur auf die Idee gekommen, mir eine längere Auszeit als den vorgeschriebenen Mutterschutz zu nehmen. Und ich schrieb weiterhin gute Noten, stillte meinen Sohn, wickelte ihn mit Stoffwindeln, kochte alle Gläschen und Mahlzeiten selbst und legte nebenbei ein Einser-Abi hin, obwohl ich nachts kaum Schlaf bekam.

Schluss damit! Ich habe mir unter widrigsten Bedingungen auf Tausenden von Kilometern einen abgestrampelt, um das zu erkennen. Diese Fußfessel werde ich nun ein für alle Mal abstreifen. Ab jetzt wird das Leben mit Leichtigkeit gelebt!

»Du bist mein Santa Claus«, seufze ich. »Schließlich bin ich in Lappland!«

»Gerne doch! Aber hör mal: Ich finde das nicht gut, dass du noch Fahrrad fährst«, sagt er. »Weißt du nicht, dass es in den nächsten Tagen heftig schneien soll? Bitte zelte wenigstens nicht mehr, es sind doch schon Minusgrade!«

Also lasse ich mich im Wintersportzentrum Sallatunturi absetzen. An der Rezeption hängt die Wetterprognose für die nächsten Tage, und weil die wirklich gruselig ist, miete ich mir gleich für zwei Nächte ein Mökki mit Sauna und beschließe, mich erst einmal auszukurieren, bevor ich mich an den Endspurt, die letzten sechshundert Kilometer, wage. Und das ist genau die richtige Entscheidung! Wie schön sind Kälte und Schneeregen, wenn man selbst in einer warmen Hütte am offenen Kamin bei Tee und Zimtschnecken sitzt?

Nach zwei Tagen geht es mir tatsächlich besser. Sogar die Sonne kommt noch einmal heraus! Bei angenehmen elf Grad kann ich bis nachmittags sogar ohne Handschuhe radeln.

Aber diese Atempause währt nicht lange, dann haben arktische Kälte, Nordwind und Regen Lappland wieder im Griff.

Als ich an einer Grillhütte mein Lager aufschlage, bekomme ich Gesellschaft von einer Schulklasse, die mich fürstlich mit Grilli Nakki, Maiskolben und Marshmallows bewirtet. Am Ende sitzen nur noch der Lehrer und ich am Feuer in der offenen Hütte, die Jugendlichen haben längst die Flucht in die warmen Betten des nahen Wintersportzentrums angetreten. Der Lehrer zeltet auch, hat aber einen Schlafsack, der auf Temperaturen von bis zu minus dreißig Grad ausgerichtet ist. Wir quatschen bis tief in die Nacht. Er ist der erste Mensch, den ich treffe, der noch mehr Verwandte hat als ich. Der Wind flackert um die Hütte und drückt den Rauch durch den Kamin. Unsere Augen tränen, alles riecht nach Ruß. Trotzdem legen wir Scheit um Scheit nach. Aber irgendwann gewinnt der Frost: Unsere Rücken sind von einer feinen weißen Schicht überzogen. Wir geben auf und ziehen uns in die Nacht zurück. Als wir gerade in die Zelte schlüpfen wollen, passiert es.

»Northern lights, northern lights!«, ruft der Lehrer, und da sehe ich es auch: Am Himmel tanzen Polarlichter. Grüne Wirbel samtenen Lichts flackern über dem Wald. Das Glücksgefühl über dieses Naturschauspiel durchströmt mich so tief, dass es mich sogar die Eiseskälte kurz vergessen lässt.

LION FEUCHTWANGER

Hoppla

Hoppla. Jetzt hätte er fast den Radler niedergefahren. Er hatte neunzig Kilometer auf dem Schnelligkeitsmesser. »Mach deine Ochsenaugen auf, Aff, geselchter!«, rief er dem erschrockenen Radfahrer die landesübliche Formel zu, zurückschimpfend. Am besten kommt man mit den Hunden aus. Die Radfahrer sind das Idiotischste, was es gibt. Er lächelt, wie er daran denkt, dass von allen Städten Deutschlands München den größten Prozentsatz Radler hat. Das wäre ein Gaudium und eine Hetze in der ganzen Oppositionspresse, wenn er einmal das Pech hätte, einen zu überfahren.

Die Strickerei

Es ist eine kleine Reise, die Martha mit dem Lehrer Räber und seiner Frau unternimmt, die in der Stadt Einkäufe machen will. Es sind zwar nur drei Bahnstationen bis zum Berner Hauptbahnhof, sie hätten sogar zu Fuß gehen können, in weniger als einer Stunde wären sie dort gewesen. Aber der Lehrer besteht auf der Zugfahrt, er hat für Martha die Fahrkarte bezahlt. Frau Räber hat sich schön angezogen, ein Kleid mit blauen Tupfen trägt sie, und auch ihr Kind ist im Wagen dabei. Es quengelt zwischendurch ein wenig. Dann nimmt sie es aus dem Wagen und wiegt es auf den Knien, bis es wieder lacht und strampelt.

Martha war noch nie in der Stadt. So hat sie auch noch nie den Bärengraben und den Münsterturm gesehen, davon haben andere in der Klasse erzählt.

Der Gang durch die Bahnhofshalle verwirrt Martha. So viele Leute, die alle in Bewegung sind und einander ausweichen, um nicht zusammenzustoßen, hat sie noch nie gesehen. In der Halle ist es lärmig, all die Stimmen, die sich vermischen, die große Uhr, die von der Decke hängt, dazu die Lautsprecherdurchsagen mit hallender Stimme, von der sie nicht weiß, woher sie kommt. Das alles macht sie schwindlig, sie möchte nach einer Hand greifen und tut es nicht, da müsste sie sich ja, als fast Erwachsene, schämen.

Sie gelangen ins Freie, auf den Bahnhofplatz. Frau Räber trennt sich mit dem Kinderwagen von ihnen. Der Lehrer lotst Martha zu einem Park am Hang, es geht eine lange Treppe hinunter, und schon sieht Martha den Fluss, der vorbeiströmt, davor das lang gestreckte Gebäude der Strickerei Ryff, das sie umkurven müssen, um zur Direktion zu gelangen. Die Büros sind im ersten Stock, der Direktor selbst ist nicht da, aber einer seiner Stellvertreter, ein Mann mit imposanten Brauen, er lässt die Besucher stehen, bleibt auf seinem Sessel beinahe unbeweglich sitzen. Martha wird streng gemustert, nennt ihren Geburtstag, weist die sauberen Hände vor. Der Mann stellt ihr ein paar einfache Rechenaufgaben, die sie ohne Weiteres löst, er notiert ihr Geburtsdatum und ihre Adresse, dann sagt er gleichmütig: »Es ist gut, wir stellen sie provisorisch an.«

Der Lehrer fragt nach dem Lohn. Der Mann räuspert sich: »Wir fangen mit dem Mindestlohn an, 42 Rappen pro Stunde. Wenn sie sich bewährt, erhöhen wir ihn.« Und er fügt hinzu: »Die Arbeitszeit ist von acht bis zwölf und von eins bis sechs, der Sonntag ist frei. Der Lohn wird am Samstag nach Arbeitsschluss ausbezahlt.« Er schiebt ihnen ein Papier zu, auf das sie ihre Unterschriften setzen müssen.

Der Lehrer, anstelle eines richtigen Vormunds, schreibt zügig, Martha aus Aufregung ein wenig ungelenk. Sie wird hier anfangen, sobald sie das Schuljahr, ihr letztes, beendet hat. Dann können sie gehen, hinter der Tür warten schon zwei andere darauf, sich vorzustellen, junge Frauen, ein paar Jahre älter als Martha. Sie lächeln ihr zu, grüßen knapp. Martha bleibt der Mund verschlossen, und sie ärgert sich über ihre Schüchternheit.

Sie möchte gerne den Fluss von Nahem sehen, es gibt Ruhebänke am Ufer, auf denen man sitzen könnte, und es sind nur ein paar Schritte bis dorthin. Aber der Lehrer will nicht mit, er drängt zur Eile, seine Frau warte bestimmt schon oben beim Warenhaus. So geht sie, hinter ihm her, wieder die Holztreppe hinauf zum Park und an einem merkwürdigen Brunnen vorbei auf die Kirche zu, die gegenüber vom Warenhaus Loeb steht. Dort wartet Frau Räber schon neben dem Kinderwagen, ziemlich ungeduldig, sie hat das halb schlafende Kind im Arm, und sagt: »Zu trinken habe ich ihm gegeben, drüben im Park.«

Es dauert noch eine halbe Stunde, bis ihr Zug fährt, und der Lehrer fragt Martha plötzlich: »Wirst du in Zukunft den Weg allein finden? Es kommt ja niemand aus dem Dorf mit.«

»Am Anfang muss mich vielleicht jemand begleiten«, sagt Martha, »aber dann wird es schon gehen.«

»Mit mindestens einer Stunde für eine Wegstrecke solltest du rechnen«, sagt der Lehrer.

Martha lächelt, wohl das erste Mal an diesem Tag. »Ich bin zwar klein, aber ich kann schnell gehen, wenn es sein muss.«

»Den Weg durch den Wald musst du meiden«, sagt Frau Räber. »Bleib einfach auf der Hauptstraße, ganz am Rand, das ist sicherer, vor allem bei Dunkelheit.«

Am Anfang der Bahnhofshalle gibt es einen kleinen Ausschank. Der Lehrer zeigt sich spendabel, für sich bestellt er ein kleines Bier, für die Frau einen Milchkaffee und für Martha, die sich artig bedankt, ein Glas Himbeersirup.

Bevor sie in den Zug steigen, ganz vorne in der zweiten Klasse, legen Herr und Frau Räber den Kinderwagen wieder zusammen. Das ist ein neues Modell, und der Lehrer ist stolz darauf. Damit Frau Räber für ein paar Griffe die Hände frei hat, gibt sie das Kind in Marthas Arme. Zuerst hat sie Angst, es fallen zu lassen, aber dann ist sie glücklich, es eine Weile zu halten, sie wiegt es leicht hin und her, beinahe widerwillig gibt sie es der Mutter zurück. Als sie dann dem Paar gegenübersitzt, bettet Frau Räber das Kind auf ihren Schoß, es hat nun den Schluckauf, und das bringt alle zum Lachen.

Der tägliche Weg in die Stadt und zur Fabrik am Fluss ist in der Tat lang. Martha ist froh, dass der Lehrer einen Mann ausfindig gemacht hat, der auch in Bern arbeitet, in einer Schlosserei, und die Strecke sonst mit dem Fahrrad zurücklegt. Er schiebt nun, früh am Morgen, als sie sich bei der Gemeindeschreiberei treffen, das Velo neben sich her, er ist redselig, sagt Martha, worauf sie achten soll, wo sie sich verirren könnte. Sobald sie auf der Hauptstraße sind, leuchten ihnen Gaslaternen, die seien neu auf dieser Strecke. Man rede auch schon von elektrischem Licht, aber das sei Zukunftsmusik. Ein Postauto überholt sie, das fahre über Riggisberg, sagt der Mann, dort habe er Verwandte.

Je näher sie der Stadt kommen, desto mehr Leute sind auf der Straße unterwegs, Radfahrer, viele Frauen darunter, wie Martha im heller werdenden Licht erkennt, die meisten tragen dunkle Röcke mit einem Halstuch.

»Arbeiten die auch in der Strickerei?«, fragt sie.

Der Mann weiß es nicht. »Du kannst dich ja erkundigen«, sagt er.

Aber Martha traut sich nicht. Sie nimmt sich vor, von

Anfang an für ein Velo zu sparen. Auf dem Hof der Bürgis, wo sie wohnt, aber auch in der näheren Umgebung hat niemand eines. Das ist ihr egal, sie sieht ja, wie viel schneller die Leute auf den Fahrrädern unterwegs sind als die Fußgänger. Bei der Kirche, die sie schon kennt, der Heiliggeistkirche, verabschiedet er sich von ihr, schwingt sich in seinem, was man jetzt deutlicher sieht, ziemlich fleckigen Überkleid aufs Rad, fragt noch, ob sie den Heimweg selbst finden werde. Sie ruft: »Ja, bestimmt«, obwohl sie nicht sicher ist. Er lüftet sogar beim Weiterfahren seine Schirmmütze, gerät dabei ein wenig ins Schwanken.

Den Weg hinunter zum Fluss und zur Fabrik, dem langen Gebäude am Fluss, findet sie leicht, auch den Haupteingang. Sie muss sich anmelden, in einem Nebenzimmer warten, bis die Vorarbeiterin sie abholt, sie folgt ihr in einen der großen Säle, wo der Lärm der Maschinen fast ihre Ohren betäubt. In langen Reihen sitzen die Arbeiterinnen da, über vierhundert sollen es sein, hat sie gehört, alle mit Hauben auf den Haaren. Die Vorarbeiterin will Fräulein Rengger genannt werden, die Arbeiterinnen, das hört Martha in der ersten Pause, nennen sie unter sich die lange Gret.

Eine Ältere, neben die sie gesetzt wird, bekommt den Auftrag, die Neue anzulernen. Martha muss eine Haube aufsetzen, sie begreift rasch, was ihre Finger machen sollen: einfädeln, verknüpfen, die abgespulte Rolle hinter sich in den Korb legen, die neue einspannen, wenn der Faden reißt, ihn rasch zusammenknüpfen, das fertige Tuch in einen anderen Korb schichten, der dann von flinken Händen weggebracht und ersetzt wird, sobald er voll ist. Nach den ersten paar Stunden, noch bevor der Vormittag um ist und die

Mittagsglocke läutet, hat sie die Arbeitsschritte begriffen und ist fähig, sich dem Rhythmus anzupassen. »Es ist gar nicht so schwer«, sagt sie der Vorarbeiterin mit heimlichem Stolz, und bekommt eine schnippische Antwort: »Du bist ja eine Siebengescheite.« Man kontrolliert sich gegenseitig, das lernt sie ebenso schnell wie die nötigen Handgriffe. Aber an den Lärm gewöhnt sie sich fast nicht, erschrickt dann, als zur Mittagszeit alle Maschinen für eine Stunde stoppen. Das Geratter hört auf, man geht in die Kantine, stellt sich an für einen Teller Suppe, ein Glas Tee und ein Stück Brot. Der Fabrikherr gilt als fortschrittlich, weil er einer der Ersten ist, der eine solche Pause, zu der auch das Essen gehört, eingeführt hat. So viel schnappt Martha aus dem Stimmengewirr von allen Seiten auf; wenn sie etwas fragt, ist aber ihre Stimme zu leise, und man achtet nicht auf sie. Ob ich mich daran gewöhnen werde?, fragt sich Martha. Sie ist entschlossen, alle Schwierigkeiten zu meistern und so bald wie möglich ein Velo zu kaufen, damit sie den Arbeitsweg schneller zurücklegen kann.

Sie staunt selbst darüber, dass sie den Heimweg leicht findet und am nächsten Morgen ihre Füße die Strecke bis zum Arbeitsort schon zu kennen glauben. Ihre Anlernerin ringt sich sogar zu einem Lob durch, sie heißt Elsa, arbeitet seit fünf Jahren in der Strickerei, das verrät sie Martha, als diese danach fragt. Sie spart immer noch für ihre Aussteuer, mindestens zwei Batistleintücher mit eingestickten Anfangsbuchstaben müssen es sein. In spätestens einem Jahr will sie heiraten, ihr Bräutigam vom selben Dorf arbeitet in einer Bäckerei, der Lohn sei anständig, höher als anderswo.

Martha wird flinker von Tag zu Tag, die lange Griet rühmt sie sogar auf säuerliche Weise. Dann merkt sie, dass eine andere Arbeiterin auf dem übernächsten Platz in Marthas Nähe wohnt und auch kein Velo hat, so gehen sie nun zusammen und freunden sich an, soweit man das in der Fabrik und beim gemeinsamen Gehen kann. Der erste Wochenlohn, der ihr in einem festen Couvert ausgehändigt wird, ist höher, als sie gemeint hat. Sie beschließt sogleich, einen großen Teil davon fürs Velo auf die Seite zu legen. Die Hälfte zweigt sie ab als Kostgeld für die Bürgis; diese Summe haben sie festgelegt.

Manchmal kommen in ihren Träumen die Geschwister vor. An Karl, der sich der Jüngeren so sorgsam annahm, denkt sie oft, mehr als an Emil, der weniger auf sie geachtet hat. Wohin sie gekommen sind, weiß sie nicht; von der Gemeinde hat sie niemand ins Bild gesetzt. Man will offenbar verhindern, dass sich die verstreuten Geschwister untereinander absprechen. Irgendwann, nimmt sie sich vor, werde ich herausfinden, wo sie sind. Auch wie es Frieda geht, möchte sie wissen. Es sind, seit die Familie auseinandergerissen wurde, immerhin schon fast acht Jahre vergangen. Da beginnt man zu vergessen, was vorher war. Dass sie die Mutter ab und zu gesehen hat, war ein kleines Wunder und zugleich eine bittere Enttäuschung. Sie ist nun, muss sie sich eingestehen, doch bei den Bürgis mehr zu Hause, als sie je gedacht hat, obwohl das Gefühl von Fremdheit im familiären Kreis nie von ihr gewichen ist. Sie bekommt beim Essen inzwischen ihre gerechte Portion und zum Weihnachtsfest einen Lebkuchen wie die anderen, aber ein Zweifrankenstück ist bei ihr nicht darauf geklebt. Sie wird beim Gebet der Gemeinschaft in den Kreis einbezogen und spürt genau, dass die Pflegegeschwister ihre Hand schneller loslassen als die der anderen. Es sind Kleinigkeiten, aber sie wirken nach. Man kann sich auch am Ort, den man Zuhause nennt, fremd fühlen, dass weiß sie inzwischen. Vom Geruch im Gemeinschaftssaal wird ihr manchmal schlecht und sie muss sich beim langen Beten im Stehen mit aller Kraft gegen eine Ohnmacht wehren. Einmal fällt sie dann doch um, für kurze Zeit verliert sie das Bewusstsein, dann kommt sie wieder zu sich, von der Gemeinschaft umringt, die laut für sie und ihr Seelenheil betet.

Marthas sechzehnter Geburtstag wird bei den Bürgis vergessen; anderswo, sagt sie sich, wäre es gewiss viel schlimmer. Konfirmiert wird sie aber und bekommt sogar ein Taschentuch und von der einfältigen Magd, die sie mag, ein Wurstrad, das sie ihrer Portion abgespart hat. Der Lehrer Räber hingegen vergisst die ehemalige Schülerin nicht; wenn sie sich auf dem Weg zur Käserei begegnen, fragt er sie, wie es ihr geht in der Fabrik. »Gut«, sagt sie, »ich kann Geld auf die Seite legen.« Er runzelt die Stirn, hakt aber nicht weiter nach, es hätte auch nichts genützt. Er dirigiert inzwischen den gemischten Chor, will wissen, ob Martha ihm nicht beitreten möchte. Sie schüttelt den Kopf: »Ich kann ja gar nicht schön singen.«

»Da habe ich eine andere Erinnerung«, sagt der Lehrer und versucht sie mit seinem Lächeln aufzutauen. Aber es gelingt ihm nicht.

Wenn es ihr schlecht geht, betet Martha manchmal, wie sie es gelernt hat. Sie merkt aber, dass es nicht zu ihr passt. Vom Gemeindepfarrer hat sie immer wieder dasselbe gehört: »Es gibt einen Gott, den Gott der Bibel, der über euch wacht und eure guten und weniger guten Taten sieht. Nicht an ihn zu glauben ist verwerflich.« Doch in sich erkennt Martha vor allem den eisernen Willen voranzukommen. Oder auch: sich Unabhängigkeit zu erkämpfen.

Aus Gesprächen in der Fabrik erfährt sie, dass viele Arbeiterinnen unzufrieden sind mit dem Lohn und den Arbeitsbedingungen. Sie selbst muss als Verdingkind froh sein, dass sie eine solide Stelle mit geregeltem Gehalt hat und die Vorgesetzten mit ihr zufrieden sind. Die aufbegehrende Seite in ihr kämpft manchmal, nachts vor dem Einschlafen, heftig gegen die duldsame, die ihr Dankbarkeit abverlangt. Ja, sie ist oft im Streit mit sich selbst und kann mit niemandem darüber reden, oder will es nicht. Der Lehrer Räber würde ihr vielleicht zuhören und sie aufmuntern, aber sie hat Angst, sie würde die Beherrschung verlieren und vor ihm zu weinen beginnen.

Sie hat längst herausgefunden, wo es in der Oberstadt eine Velowerkstatt mit einem Verkaufsraum gibt, und sie weiß genau, wie viel sie sparen muss, damit es für ein Damenvelo reicht, kein luxuriöses, keines der neusten Modelle, sie will einfach damit fahren können.

Irgendwann wagt sie es doch, die Werkstatt zu betreten und nach einem der billigeren Damenfahrräder zu fragen. Der Verkäufer stemmt die Arme in die Seite: »Kannst du denn überhaupt fahren?«

Martha schüttelt den Kopf und sagt: »Ich werde es lernen.«

»Soso.« Der Mann lacht gutmütig, Marthas Entschlossenheit scheint ihn zu beeindrucken.

Sie zählt jeden Samstag das Geld, das sie vom Lohn auf die Seite legt. Sie gönnt sich beinahe nichts außer dem Notwendigsten, neue Strümpfe etwa, aber keine seidenen, wie sie eine der jüngeren Vorarbeiterinnen trägt, und passendes Garn braucht sie, um die zerschlissenen Stellen in ihrem Arbeitsrock zu stopfen. Die Bürgis merken nichts von Marthas Sparanstrengungen. Und noch vor dem Ende des nächsten Jahres hat Martha genug auf die Seite gelegt, um sich das Damenfahrrad, das nun im Schaufenster steht, zu kaufen. Der Verkäufer gratuliert ihr, bietet sogar an, ihr das Fahren beizubringen, sie mache einen geschickten Eindruck, lange werde das nicht dauern.

Martha lehnt das Angebot ab, die Kaufquittung faltet sie mehrfach zusammen und steckt sie ins Täschchen im Rock, wo auch ein paar Münzen liegen. Sie war wohl allzu schroff, findet sie hinterher. Die Summe zahlt sie aber dem Verkäufer in die Hand, und er gibt ihr sogar ein paar Münzen zurück, das sei der übliche Rabatt bei Barzahlung. Von der jungen Vorarbeiterin in der Fabrik bekommt Martha die Erlaubnis, ihr neues Velo im offenen Schuppen unterzustellen, wo die Fahrräder von Arbeiterinnen stehen, die unter der Woche in der Stadt arbeiten und nur übers Wochenende aufs Land in ihr Heimatdorf fahren. Sie schließen ihre Velos mit einem Schloss ab, das tut auch Martha, der Verkäufer hat ihr sogar eines geschenkt und ihr gezeigt, wie sie es öffnen und schließen muss.

Jetzt muss sie nur noch das Fahren erlernen. Es ist ja Spätsommer und abends nach Arbeitsschluss, wenn die Sirene verklungen ist, noch lange hell. Da holt sich Martha ihr Velo aus dem Unterstand, schiebt es, trotz der spöttischen Bemerkungen links und rechts, neben sich her, biegt dann ab zu einem kleinen Wald auf der Straße nach Köniz. Dort ist der Schotterweg ziemlich flach. Ihre ersten Fahrversuche enden kläglich, sie schwankt, mit abgestelltem Fuß kann sie sich am Stürzen hindern. Dann fällt sie trotzdem um, rappelt sich rasch wieder auf, begutachtet den Riss im Rock auf der Höhe des Oberschenkels. Das kann man flicken, denkt sie und übt weiter, obwohl der Schenkel schmerzt. Sie merkt, dass es von Versuch zu Versuch besser geht, dass sie das Gleichgewicht auf dem Sattel immer schneller findet. Alles ohne Hilfe und trotz der Schmerzen, und darauf ist sie stolz. Sie schiebt, bevor es dunkel wird, das Velo zum Unterstand zurück, schließt es ab, beschleunigt ihre Schritte, und obwohl ihr das Bein wehtut, ist sie rechtzeitig zum Abendessen zurück auf dem Hof der Bürgis. Niemand fragt sie aus wegen ihrer Verspätung, nur Elsbeth deutet stumm auf den Riss im Rock. »Ich bin hängen geblieben«, sagt Martha. »Das war ein Nagel in der Kantine, ich werde es flicken.« Und das tut sie noch am gleichen Abend. In ihrer Dachkammer bewahrt sie ihr Nähzeug auf und sogar eine Kerze. Am nächsten Morgen ist vom Riss nichts mehr zu sehen; Martha ist geschickt und schnell im Nähen. Und eine Fadenspule hat sie in Elsbeths Nähschachtel gefunden, die die Mädchen durchsuchen dürfen, wenn sie etwas flicken wollen.

Mit dem Fahren bei beginnender Dämmerung geht es von Tag zu Tag besser, in der zweiten Woche wagt sich Martha erstmals auf die Straße und fühlt sich sicher genug, um sich einzureihen in die Schar der vielen heimwärts fahrenden Radlerinnen, die die zweite Schicht in der Fabrik beendet haben. Noch gerät sie manchmal aus dem Gleichgewicht, fängt sich rasch. Die anderen Velofahrerinnen merken nicht, dass sie ein Neuling auf dem Rad ist, das sind andere gewiss auch. Niemand verspottet sie.

Nach einer Woche Üben wagt sie es, bis ins Dorf, zum Hof der Bürgis, zu fahren. Die anderen Velofahrer, die sie, oft mit launigen Zurufen, überholen, schüchtern sie nicht ein, wohl aber die wenigen Automobile, die hinter ihr hupen und sie dann fast streifen. In der Ferne fährt der Zug vorbei, der ihr immer zu teuer war, sie sieht die beleuchteten Fenster, die beinahe ineinander verschwimmen.

Aber der Verkehr nimmt ab, je weiter weg Martha von der Stadt ist. Allerdings muss sie noch dem Postauto ausweichen, das nach Neuenegg fährt. Der Lichtkegel erfasst sie von hinten, der Motorenlärm wird stärker. Da steigt sie vorsichtshalber rasch ab und wartet am Straßenrand, bis der Bus vorbei ist. Es gibt auch Fußgängerinnen auf dem Heimweg, die sie beim Überholen grüßt, wie es sich gehört; nicht immer wird sie zurückgegrüßt. Vielleicht verweht der Wind, der nun stärker ist, ihre Worte. Nach einer letzten Abzweigung taucht der Hof der Bürgis vor ihr auf, in der Dämmerung gedrungen, fast feindselig; nur eine Laterne, die an der Stalltür hängt, gibt etwas Licht. Und das Muhen, das sie hört, sagt ihr, dass sie angekommen ist. Eine halbe Stunde hat sie für die Strecke gebraucht. Sie wird nun jeden Tag eine ganze Stunde einsparen, und das erfüllt sie mit einem kleinen Triumphgefühl. Wobei sie eigentlich gar nicht weiß, wofür sie die eingesparte Stunde verwenden will.

Leonora, die gerade draußen die Topfpflanzen gießt,

hat Marthas Ankunft gesehen. Sie rennt ins Haus, ruft die andern zusammen, sie drängen sich heraus, auch die zwei Brüder, da stehen sie und mustern verblüfft in der zunehmenden Dunkelheit Marthas Velo, reden alle durcheinander. Martha hat ja niemanden in ihr Vorhaben eingeweiht. Die Mutter schüttelt den Kopf. »Hoffentlich steigt es dir nicht zu Kopf«, sagt sie

»Es ist vom eigenen Geld«, antwortet Martha und spürt einen heftigen Trotz in sich.

»Du kannst es draußen lassen«, sagt der Bauer, »unter dem Vordach. Es wird schon nicht gestohlen.« Dazu lacht er, und die Söhne stimmen mit ein.

»Du hast Geld dafür zurückgelegt«, nimmt Elsbeth den Faden wieder auf.

»Mein eigenes Geld«, wiederholt Martha.

»Gibt sie denn genügend ab?«, fragt der Vater.

Und Elsbeth antwortet nach einer Überlegungspause: »Ja, so viel, wie sie muss. Es ist nach den Vorschriften«. Sie meint die Summe, die der Fürsorger genannt hat, und was Martha darüber hinaus verdiene, sei ihre Sache.

Mit dem Ja der Mutter geben sich auch die Söhne zufrieden, die aufgeregt miteinander geflüstert haben; sie können kaum glauben, dass Martha so viel gespart hat.

Beim Abendgebet vor dem Essen dankt Bürgi dem lieben Gott dafür, dass er seine Hand über Martha hält und ihr diesen Kauf ermöglicht hat. Alle stimmen ins Amen ein, und damit ist Marthas Anschaffung gutgeheißen. Die Bürgis mussten keinen Rappen daran zahlen.

Versöhnung

Es war ein altes Fahrrad, und es war ein langes Schürzenband, und es war eine Versöhnung, an der ich kein Verdienst hatte, obwohl es doch mein Fahrrad gewesen ist und mein Schürzenband, das sich in dessen Speichen verwickelt hat.

Es ist lange her, da heiratete ein junger Schwager ein Mädchen, das nicht nur ein lediges Kind in die Ehe mitbrachte, sondern überdies das Unglück hatte, den Vater nicht nennen zu können, nicht, weil sie so leichtfertig mit sich umgegangen wäre, sondern weil ihr der Betreffende nach alter Lumpenmanier einen falschen Namen und eine falsche Anschrift gegeben hatte – und dann spurlos verschwunden war. Die Hochzeit hatte heimlich stattgefunden. Als die Familie von der Verbindung erfuhr, herrschte blankes Entsetzen. Vater, Mutter und Geschwister des Ehemannes sprachen ein einheiliges Anathema aus: Niemand werde von nun an noch ein Wort mit ihm reden, geschweige denn die Schlimme zur Kenntnis nehmen, die solcher Schande fähig gewesen war.

Ich war damals jung verheiratet und bereit, mich meiner neuen Familie anzupassen; so hatte ich keinen Anlass, mich dem allgemeinen Urteilsspruch zu widersetzen. Übrigens kannte ich meinen Schwager nur flüchtig und hielt ihn nicht für das größte Kirchenlicht. Wieder einmal war ich mit meinem alten Fahrrad unterwegs, im Dirndlkleid, wie damals so viele, in weißer Bluse, rosa Mieder und weitem braunen Wollrock, über den eine baumwollene Schürze gebunden war. Die Schürzenbänder hatten, wie ich wusste, die Neigung aufzugehen und sich dann, wenn ich eben auf dem Fahrrad saß, in den Speichen zu verheddern. Dann war es ratsam, schnell abzusteigen und die Sache in Ordnung zu bringen.

An jenem Tag querte ich den damals schon recht belebten Elisabethplatz in München-Schwabing, als ich merkte, ein Band war wieder in das Rad geraten. Ich lenkte scharf nach rechts an den nächsten Randstein. Da stürzte mir, quer über den Gehsteig, ein junges Paar entgegen, mit allen Zeichen glücklichen Erschreckens. Ich erkannte den Schwager, und das Mädchen, das er hinter sich herzog und auf mich zuschob, das konnte niemand anderes sein als sie.

Ich war mehr bestürzt als erfreut; aber was hätte ich anderes tun sollen, als die mir hingestreckten Hände zu ergreifen und »Guten Tag« zu sagen. Dann brachte ich das in solchen Fällen Übliche hervor, ich wünschte Glück, fragte nach dem Woher und Wohin und sagte dann, dass ich in Eile unterwegs sei.

– Dass du bei uns gehalten hast, sagte der Schwager, dass du mit uns geredet hast, das hätten wir nie gedacht, nicht wahr, Anni, nie gedacht. – Und Anni nickte und starrte mich aus tränenhellen Augen entzückt und hingerissen an.

– Wir dürfen dich doch einmal besuchen, brachte der Schwager hervor, während ich rasch und so verstohlen wie möglich mein Schürzenband aus dem Hinterrad nestelte, und ich sagte: Ja, natürlich dürft ihr mich besuchen.

Dann stieg ich auf und trat in meine Pedale.

Zu Hause erzählte ich, was geschehen war.

Niemand sagte ein Wort. Ich wunderte mich, dass ich nicht gescholten wurde, weil ich mit dem Geächteten geredet hatte. Wenige Tage darauf erschienen die beiden bei mir in der Wohnung. Sie brachten einen Blumenstrauß und einen Kuchen mit und saßen eine halbe Stunde auf der vordersten Kante meiner blau bezogenen Biedermeierstühle. Und wieder starrte mich die junge Frau aus tränenhellen Augen entzückt und hingerissen an.

Auch davon erzählte ich Eltern und Geschwistern, und wieder schwieg man, aber in dem Schweigen knisterte es bereits, wie es in einem Eisblock knistert, wenn sich an seinen Kanten und in seinen Rissen das erste Schmelzwasser regt.

Zwei Jahre später zog das Paar im Familienhaus ein. Die junge Frau bekam ein zweites Kind. Es war Krieg, böse Zeit, sie half, wo sie konnte, sie kümmerte sich auch bei Gelegenheit um verwaiste Neffen und Nichten, und als die Alten krank und gebrechlich wurden, pflegte sie sie bis zum seligen Ende. –

Es war einmal ein altes Fahrrad und ein zu langes Schürzenband – und eine Versöhnung, an der ich kein Verdienst hatte.

ALAN SILLITOE

Das Fahrrad

Ostern, als ich fünfzehn wurde, setzte ich mich zum Abendessen an den Tisch, und meine Mutter sagte zu mir: »Ich bin froh, dass du mit der Schule fertig bist. Da kannst du jetzt arbeiten gehn.«

»Ich will nicht auf Arbeit gehn«, sagte ich mit starker Stimme.

»Na, du wirst aber müssen«, sagte sie. »Ich kann's mir nicht leisten, so 'ne Hilfe wie dich für umsonst zu ernähren.«

Ich zog ein Gesicht und schob das Toastbrot mit überbackenem Käse von mir, als wäre es der übelste Fraß aller Zeiten. »Ich dachte, ich könnte erst mal 'ne kleine Pause machen, bevor's losgeht.«

»Tja, da hast du eben falsch gedacht. Arbeite man, dann kann dir nichts mehr passieren.« Sie nahm meinen Teller und leerte ihn auf den meines jüngeren Bruders John; sie wusste schon, wie sie mich auf achtzig bringen konnte. Das ist der Fehler bei mir: ich bin nicht klug. Am liebsten hätte ich John eine reingehaun und mir das Brot wieder geschnappt, aber der kleine Hund hatte es schon runtergemampft, und außerdem saß Vater am Kamin hinter seiner Zeitung und hatte die eine Seite hochgehoben. »Du kannst mich wohl nicht schnell genug auf Arbeit schicken, was, Mama?«, war alles, was ich ihr erwidern konnte.

Vater ließ die Zeitung sinken und gab seinen Senf dazu: »Hör mal, wer nicht arbeitet, kriegt nichts zu essen. Also mach dich morgen auf die Socken und such dir einen Job. Und komm nicht eher wieder, als bis du einen hast.«

In die Fahrradfabrik zu gehen und nach einem Job zu fragen, hieß früh aufstehen; genau, als würde man wieder zur Schule gehen. Es schien keine Vorteile zu bringen, älter zu werden. Aber es stimmte schon, mein Vater war ein guter Arbeiter, und ich wusste genau, dass ich, was Köpfchen und Knochen betraf, eine zweite Ausgabe von ihm war. Im Schulgarten sagte der Lehrer immer: »Colin, du bist mein bester Arbeiter, du bringst es bestimmt zu was, wenn du mal abgehst« – und das, nachdem ich zwei Stunden Kartoffeln ausgebuddelt hatte, während alle anderen Blödsinn getrieben und versucht hatten, sich gegenseitig mit den Rasenmähern umzufahren. Dann hat der Lehrer die Kartoffeln für Sixpence das Kilo verkauft, und was habe ich davon gehabt? Dreckige Hände, dreckige Hosen, dreckige Schuhe. Trotzdem machte mir die Arbeit Spaß, weil ich sie hinterher in den Knochen spürte, und diese Art Müdigkeit habe ich gern.

Ich wusste natürlich, dass man arbeiten gehen musste und dass grobe Handarbeit am besten war. Einmal sah ich einen Film über eine Revolution in Russland, über die Arbeiter, die alles übernahmen (wie Vater das auch will), und sie ließen alle antreten und die Hände vorstrecken, und die Arbeiterkumpel gingen die Reihe ab und sahen sie sich an. Jeder, dessen Hände lilienweiß waren, wurde abgeführt und erschossen. Die andern waren o.k. Wenn das also je in diesem Land passieren sollte, würde ich o.k. sein, und das gab mir gleich ein besseres Gefühl, als ich wenige Tage später im Overall morgens um halb sieben zusammen mit den andern die Straße runterging. Die eine Seite meines Gesichts war munter und interessiert für das, was mir bevorstand, aber die andere Seite sah trübsinnig aus und voller Selbstmitleid, sodass eine Nachbarin lauthals lachend rief – sie warf den Kopf zurück dabei, und unter ihrer Halsgrube sah ich einen Spalt, in den ich gern ein paar Zoll tiefer hineingeblickt hätte: »Ach, lass man, Colin, so schlimm is' es gar nich'.«

Der Mann am Tor brachte mich in die Dreherei. Der Lärm traf mich wie ein Boxhandschuh, als ich reinkam, aber ohne mit der Wimper zu zucken, ging ich weiter, direkt in ihn hinein, und fühlte, wie er mir mitten in die Gedärme griff, als wollte er sie rauszerren und als Strumpfhalter benutzen. Ich wurde dem Vormann übergeben; der Vormann gab mich dann weiter an den Mann von der Werkzeugausgabe; und der Mann von der Werkzeugausgabe brachte mich zu einem Burschen in ungefähr meinem Alter – sodass ich mir langsam wie eine heiße Brieftasche vorkam.

Der Junge führte mich zu einem Schrank, machte ihn auf und drückte mir einen Besen in die Hand. »Du machst den Gang da«, sagte er, »und ich diesen hier.« Mein Gang war breiter, aber ich wollte nichts sagen deswegen. »Bernard«, sagte er und streckte mir seine Hand hin, »so heiß ich. Nächste Woche komme ich an eine Maschine, eine Bohrmaschine.«

»Und wie lange machst du das Kehren hier schon?«, wollte ich wissen, bereits jetzt davon angeödet.

»Drei Monate. Alle werden zuerst zum Kehren abgestellt, damit sie sich erst mal an den Betrieb hier gewöhnen.« Bernard war klein und dünn, etwas älter als ich. Wir kamen ganz gut miteinander aus. Er hatte runde, helle Augen und dunkles, welliges Haar und sprach ziemlich schnell, als wäre er länger auf der Schule gewesen, als er es in Wirklichkeit war. Bei der Arbeit war er ganz schön faul, und ich hielt ihn für schlau und gerissen, vielleicht weil seine Mutter und sein Vater umgekommen waren, als er drei war. Er war bei einer asthmatischen Tante aufgewachsen, die ihn nicht nur verwöhnt, sondern ihm auch jede Freiheit gelassen hatte, wie er mir später erzählte, als wir aus unsern Bechern Tee suppten. Aber jetzt hätte er sich die Hörner abgestoßen und ihn würde kein Wässerchen mehr trüben können, sagte er mit einem Zwinkern. Ich konnte mir zwar nicht denken, warum, nach all seinen Geschichten, in denen er immer ein irrer Hund gewesen war – was mich zuerst ein bisschen Abstand von ihm halten ließ, aber bald war er mein Kumpel, und damit hatte sich's.

Eines Tages, als wir uns unterhielten, sagte Bernard, was er sich am liebsten auf der ganzen Welt kaufen würde, das wäre ein Plattenspieler und ein Haufen Jazzplatten – so die New-Orleans-Richtung. Er würde sparen und hätte schon zehn Pfund zusammen.

»Ich«, sagte ich, »ich möchte ein Fahrrad haben, damit könnt ich am Wochenende immer den Trent hochfahren. In einem Laden auf der Arkwright Street gibt es ganz gute Gebrauchte.«

Ich ging wieder an mein Kehren. Ich wollte tatsächlich schon immer ein Fahrrad haben. Geschwindigkeit fand ich unheimlich aufregend. Malcolm Campbell war mein Favorit – aber ich würde mich schon mit einem zweirädrigen Vehikel zum Treten zufriedengeben. Einmal habe ich mir ein Rad von einem Vetter geborgt und bin so schnell den Balloon House Hill runtergetrampelt, dass ich einen Bus überholt habe. Ich hatte schon oft gedacht, wie leicht es wäre, ein Rad zu klauen: man brauchte nur in ein Schaufenster zu gucken, bis ein Typ sein Rad abstellt, um in das Geschäft zu gehen, dann musste man flink vor ihm drin sein und nach etwas fragen, wovon man wusste, dass sie's nicht dahatten; dann pfeifend zu dem Rad am Rinnstein gehn und losfahren, als würde es einem gehören, während der Typ immer noch in dem Laden ist. Stundenlang habe ich darüber gebrütet: darauf nach Hause flitzen, es anstreichen, die Rahmennummer wegfeilen, die Lenkstange umdrehn, andere Pedale dranmachen, die Beleuchtung abbauen oder eine anbauen ... aber nein, dachte ich, ich will ehrlich sein, und wenn ich wohl oder übel auf Arbeit muss, werd ich für eins sparen, das ist eben Pech.

Es stellte sich heraus, dass das Leben als Arbeiter immer noch besser war als das als Schüler. Ich war bei der Sache, so eifrig ich konnte, und mit den Männern verstand ich mich gut, weil ich kräftig auf die beschissenen Löhne schimpfte und wie die Bosse uns ausbeuteten – wodurch ich natürlich ganz gut angesehn war. Wie mein Alter immer sagt, erzählte ich ihnen: »Macht dir zu Hause was Kopfschmerzen, brau dir 'ne Kanne Tee. Macht dir an der Arbeit was Kopfschmerzen, streike.« Was mir ein paar Lacher einbrachte.

Bernard kam an seine Bohrmaschine, und eines Freitags,

als er sie gründlich sauber machte, stand ich dabei und wartete darauf, seine Abfälle wegkarren zu können. »Na, sparst du immer noch für das Fahrrad?«, sagte er, während er mit einem Handfeger Stahlstaub fortschob.

»Na klar. Aber's fehlt mir noch 'ne ganze Menge, 'n Fünfer stunden sie einem in dem Laden. Gegen Sicherheit natürlich.«

Ein Weilchen arbeitete er weiter, als hätte er ein Geburtstagsgeschenk für mich auf Lager oder irgendeine erfreuliche Überraschung, dann, ohne mich umzudrehen, sagte er: »Ich hab mich entschlossen, mein Fahrrad zu verkaufen.«

»Ich wusste gar nicht, dass du eins hast.«

»Na ja«, sagte er mit einem Gesicht, als gäbe es da einiges, was mich nichts anginge, »ich fahr mit dem Bus zur Arbeit, das ist einfacher.« Dann, etwas freundschaftlicher: »Ich hab's letzte Weihnachten gekriegt, von meiner Tante. Aber jetzt will ich nun mal einen Plattenspieler.«

Mein Herz klopfte. Ich wusste, dass ich nicht genug hatte, sagte aber trotzdem: »Wie viel willst du denn dafür?«

Er lächelte. »Es dreht sich nicht darum, was ich für das Rad haben will, sondern was mir für den Plattenspieler und ein paar Platten noch fehlt.«

Vom Carlton Hill aus sah ich das Tal des Trent sich unter mir ausbreiten – Felder und Dörfer, und der Fluss wie ein langer, weißer Schal, der einem Riesen vom Hals hängt. »Na, wie viel fehlt dir denn noch?«

Er nahm sich Zeit, als müsste er es erst noch ausrechnen. »Fünfzig Shilling.« Ich hatte nur zwei Pfund – der Riese mit seinem Schal verschwand. Da schien Bernard es plötzlich eilig zu haben, zu einem Geschäftsabschluss zu kommen. »Hör zu, ich will nicht lange rumquankeln, ich lass es dir für zwei Pfund fünf. Die fünf Shilling kannst du dir ja irgendwo pumpen.«

»Na gut«, sagte ich, und Bernard schüttelte mir die Hand, als wäre er zur Armee einberufen worden. »Also abgemacht. Bring die Kohlen morgen mit, und ich komm mit dem Fahrrad zur Arbeit.«

Vater war schon da, als ich nach Hause kam, und ließ den Wasserkessel volllaufen. Ich glaube, wenn kein Kessel auf dem Gas stand, fühlte er sich nicht sicher. »Was würdest du tun, wenn die Welt plötzlich untergehen würde, Papa?«, habe ich ihn mal gefragt, als er gute Laune hatte: »Einen Pott Tee brauen und reingucken«, sagte er. Er goss mir eine Tasse ein.

»Borg mir fünf Shilling, Papa. Bis Freitag.«

Er stülpte den Kannenwärmer über. »Geld leihen? Wofür?« Ich sagte es ihm. »Von wem?«, fragte er.

»Von einem Kumpel in der Fabrik.«

Er gab mir das Geld. »Is’ es ein gutes?«

»Ich hab’s noch nich’ gesehn. Er bringt es morgen mit.«

»Achte drauf, dass die Bremsen gehn.«

Bernard kam eine halbe Stunde zu spät, sodass ich das Rad erst in der Mittagspause zu Gesicht kriegen würde. Vorher dachte ich dauernd, er wäre krank geworden und würde überhaupt nicht mehr kommen, aber plötzlich bückte er sich vor der Tür, um seine Hosenspangen abzuziehen, und da wusste ich, dass er sein – mein – Fahrrad mithatte. Er sah blasser aus als sonst, als hätte er sich die ganze Nacht mit irgendeinem Flittchen auf einer Bank am Kanal rumgedrückt und sich dabei eine Gallenkolik gefangen. Ich gab ihm das Geld in der Mittagspause. »Willst du 'ne Quittung dafür?«, lachte er. Für solchen Quatsch war keine Zeit. Ich machte eine kurze Probefahrt um die Fabrik, dann fuhr ich damit nach Hause.

Es war schon richtig Sommer, und so radelte ich die nächsten drei Abende ein gutes Dutzend Meilen aufs Land hinaus, wo die frische Luft nach Kuhfladen roch, die Erde weit und breit verschiedene Farben hatte und wo der Wind ein bisschen kräftiger wehte als in den Straßen. Herrlich. Es war, als würde ein neues Leben beginnen, als wäre ich bis jetzt mit einem Seil von einer Meile Länge ums Fußgelenk zu Hause angepflockt gewesen. Pfeifend rollte ich die Wege entlang, plante Ausflüge nach Skegness und fragte mich, wie viel Meilen ich wohl an einem ganzen Tag schaffen könnte. Wenn ich wie ein Verrückter trampeln und mir die Lunge aus dem Hals keuchen würde, könnte ich in fünfzehn Stunden London erreichen, wo ich noch nie gewesen war. Es war, als würde man im Knast die Eisenstäbe durchsägen. Aber es war auch ein gutes Rad, ein paar Jährchen alt schon, aber ein schneller Hirsch, mit Beleuchtung, Satteltasche und einer Pumpe, die ging. Ich dachte, Bernard müsste ein bisschen spinnen, dass er sich für so einen Preis davon getrennt hatte, aber dann nahm ich an, dass Männer nun mal so sind, wenn sie sich in den Kopf gesetzt haben, einen Plattenspieler und Platten zu kriegen. Sogar ihre Mutter verkaufen sie, wenn's drauf ankommt, dachte ich, als ich wie irre vom Canning Circus runtergeschossen kam und mich zur Steigerung des Vergnügens elegant wiegend zwischen den Autos durchschlängelte.

»Wie is' es denn so, wenn man ein Fahrrad hat?«, fragte

Bernard und blieb stehen, um mir auf die Schulter zu klopfen – freundlich wie immer, aber doch irgendwie auf eine Art, wie es unter Kumpels nicht vorkommt.

»Das müsstest du doch am besten wissen«, sagte ich. »Wieso? Es ist ganz schön, nicht? Die Räder sind doch in Ordnung, oder?«

Ein beleidigter Ausdruck kam in seine Augen. »Du kannst es mir ja wiedergeben, wenn du willst. Dein Geld kriegst du zurück.«

»Will ich aber nicht«, sagte ich. Ich konnte mich nicht mehr davon trennen, ebenso wenig wie von meinem rechten Arm, und das wusste er. »Hast du schon den Plattenspieler?« Und die nächste halbe Stunde erzählte er mir davon. Er hatte so viele Knöpfe und Regler für dies und das, dass es sich anhörte, als würde er von einem Raumschiff reden. Wir waren beide zufrieden, und das war die Hauptsache.

Am selben Samstag ging ich zum Friseur, um die monatliche Schur über mich ergehen zu lassen, und als ich auf die Straße kam, sah ich, wie ein Typ auf mein Rad stieg und damit losfahren wollte. Mit der einen Hand packte ich ihn an der Schulter, mit der andern signalisierte ich Rot: Gefahr – und das war meine Faust.

»Runter!«, sagte ich scharf, bereit, den gemeinen Dieb empfindlich zu treffen. Er drehte sich zu mir um. Eine merkwürdige Sorte Dieb, musste ich denken, ein anständig aussehender Kerl von ungefähr vierzig, mit Brille und geputzten Schuhen, kleiner als ich, und mit Schnauzbart. Und trotzdem, dieser unruhig blickende Sünder wollte mir mein Fahrrad klauen.

»Da müsste ich ja beknackt sein, wenn ich das täte«,

sagte er in so ruhigem Ton, dass ich dachte, er hätte 'ne kleine Macke. »Das ist nämlich mein Fahrrad.«

»Von wegen, Scheiße, das ist es nicht«, fluchte ich, »und wenn Sie nicht sofort absteigen, kriegen Sie eins in die Fresse!«

Schon versammelten sich ein paar Gaffer. Der Kerl machte kein langes Heckmeck, und heute kann ich verstehn, warum. »Missis«, rief er, »gehn Sie doch bitte mal ein Stückchen die Straße runter zu der Notrufsäule da und sagen Sie, ein Polizist soll kommen, ja? Dies ist mein Fahrrad, und der junge Schnösel hier hat es mir geklaut.«

Ich war stark für mein Alter. »Du sabbernder alter Sack!«, schrie ich und zog ihn glattweg vom Fahrrad, sodass es scheppernd auf den Bürgersteig fiel. Ich hob es auf, um damit wegzufahren, aber der Typ packte mich um die Hüfte, und das war mehr, als ich beim Fahren hätte balancieren können – selbst wenn ich gewollt hätte; was gar nicht der Fall war.

»Das muss man sich mal vorstellen, einem arbeitenden Menschen sein Fahrrad wegzunehmen!«, rief jemand aus dem Haufen der müßig Herumstehenden. Ich hätte sie alle umlegen können.

Aber dazu kam ich nicht. Ein Polizist tauchte auf, und sofort zückte der Mann seine Brieftasche und zeigte einen Schein vor, auf dem die Fabriknummer des Fahrrads stand: ein schlagender Beweis. Aber ich dachte immer noch, es wäre ein Irrtum. »Das können Sie uns dann ja alles auf dem Revier erzählen«, sagte der Polizist zu mir.

Ich weiß nicht warum – wahrscheinlich wollte ich mein Gehirnschmalz mal ausprobieren –, aber ich blieb bei einer

Geschichte, in der ich das Fahrrad am selben Morgen in der hintersten Ecke auf dem Hof gefunden hatte, im Dreck liegend, und ich sei gerade zu einem Polizeirevier unterwegs gewesen, hätte mir nur vorher die Haare schneiden lassen wollen. Ich glaube, der Schnellrichter hat mir das auch halb abgenommen, denn der Mann wusste auf die Minute, wann es geklaut worden war, und für diese Zeit hatte ich ein hundertprozentiges Alibi – ich war an der Arbeit gewesen, was sich anhand meiner Stechkarte nachweisen ließ. Ich kannte aber eine Ratte, die nicht pünktlich zur Arbeit erschienen war.

Trotzdem, da man mich mit einem geklauten Fahrrad erwischt hatte, bekam ich Bewährung, und die Zeit ist immer noch nicht um. Dafür, dass der liebe Bernard den Nerv gehabt hat, mich, seinen Kumpel, so reinzulegen, hasse ich ihn. Aber zu seinem Glück hasste ich die Bullen noch mehr, und nie würde ich wen verpfeifen, nicht mal einen Hund. Schon allein deswegen nicht, weil Vater mich dann umgebracht hätte, das wusste ich, ohne dass er's mir erst zu sagen brauchte. Ich konnte nur Gott danken, dass mir so schnell eine Geschichte eingefallen war, wenn es mir andererseits auch manchmal immer noch erbärmlich vorkommt, dass ich ihnen nicht erzählt habe, wie ich zu dem Fahrrad gekommen bin.

Aber eins weiß ich. Ich warte nur darauf, dass Bernard aus dem Knast kommt. Den haben sie nämlich einen Tag danach geschnappt, als sie mich wegen des Fahrrads in der Mangel hatten, weil er seiner Tante den Gaszähler geknackt hat, um sich noch mehr Platten kaufen zu können. Sie hatte sich alles von ihm bieten lassen, bis sie nicht mehr konnte, und jetzt reichte es, meinte sie, ein bisschen Sitzen würde ihm guttun, ihn vielleicht sogar kurieren. Ich habe jedenfalls ein schweres Hühnchen mit ihm zu rupfen, denn er schuldet mir noch fünfundvierzig Shilling. Ist mir egal, wo er sie hernimmt – und wenn er losgeht und noch einen Zähler knackt –, aber ich werd sie von ihm kriegen, das schwör ich, oder ich mach Hackfleisch aus ihm.

Und da ist noch was, worüber ich nur lachen kann, wenn ich daran denke: Sollte es je eine Revolution geben, und alle müssen antreten und die Hände vorstrecken, dann werden Bernards Hände immer noch lilienweiß sein, weil er ein stinkfauler Hund von Dieb ist – und dann werden wir ja sehn, wie er durchkommt, denn meine werden nicht lilienweiß sein, das kann ich euch jetzt schon sagen. Und man weiß ja nie, vielleicht bin ich sogar einer von den Männern, die sich die Hände anschaun.

UWE TIMM

Kampf mit dem Hochrad

Schwalben schossen in Dachluken, Hunde lagen im Schatten und knackten Knochen, Katzen wärmten sich in der Mittagssonne. Es wurde still. Die Stadt hatte sich eben zum Mittagsschlaf gelegt, als ein nie gehörtes Getöse aus Schröters Hof kam. Nur der Milchhändler Zapf konnte von seinem Dachfenster aus in den Schröter'schen Hof sehen. Unten am Boden lag Schröter, und auf ihm ein sonderbares Eisengestell, das Schröters Frau gerade wieder hochwuchtete. Es muss eine sehr resolute Frau gewesen sein, meine Tante Anna Schröter, geborene Werner, Tochter eines Bäckers aus Rostock. Nur mittelgroß, aber kräftig, mit einer eigenwilligen Nase, durchsichtigen blauen Augen und dichtem braunem Haar, das gegen jeden glättenden Versuch eine hartnäckige Welle warf. Anna klappte das Gestell auseinander, das, wie sich jetzt zeigte, ein sehr großes und ein sehr kleines Speichenrad hatte, an dem sie herumbog. Schröter war inzwischen aufgestanden und klopfte ganz beiläufig den Staub aus Jacke und Hose, sah nicht zu dem Zapf'schen Fenster hoch, wo immer mehr Köpfe von Nachbarn, die kein Fenster zum Schröter'schen Hof hatten, erschienen. Dann stellte Schröter sich links neben das Gestell, eine Hand, die linke, an der Lenkstange, die rechte auf dem Sattel, hinter sich Anna. Er stieg mit dem rechten Fuß auf einen Eisentreter am Radrücken, stieß sich ab und stemmte sich hoch, schwang sich mit einer raumgreifenden Bewegung des linken Beins in den Sattel, saß starr und mit stierem Blick da oben, umklammerte den Lenker, trat, während Anna das Gefährt seitlich abstützte, in die Pedale, bekam Fahrt, wenn auch nicht selbstfahrend, denn links ging, lief Anna, das Rad stützend gegen die immer stärker werdende Schräglage, stemmt sich gegen Mann und Rad, schreit: lot mol, lot mol, da versucht Schröter, mit einer letzten verzweifelten Anstrengung die Last von Anna zu nehmen, auch war das Ende des Hofs schon erreicht, er versucht, vom fahrenden Rad zu springen, kriegt auch noch das rechte Bein über den Sattel, stürzt dann aber mit gewaltigem Schwung und samt dem Rad, unter einem vielstimmigen Entsetzensschrei aus dem Zapf'schen Fenster, auf Anna.

Was hat Onkel Franz in diesem Augenblick gedacht? Aufgeben? Einen anderen Übungsort ohne Zuschauer suchen? Und was hat Tante Anna gedacht? Überliefert ist, dass sie in jäher Wut gegen das kleine Hinterrad des Gefährts trat. Das hohe Zweirad, Hochrad, Bicycle, Ordinary, Velociped, Boneshaker, Headbreaker war nun auch in diese Stadt gekommen.

Es hatte in der Stadt schon vor Onkel Schröter Versuche gegeben, das Fahrradfahren einzuführen, schließlich fuhr man in Berlin, München und Frankfurt schon seit Jahren. Aber die Vorgänger – oder genauer Vorfahrer – von Onkel Franz gaben, nachdem sie die beträchtliche Fallhöhe am eigenen Leib verspürt hatten, schnell wieder auf. Der Fahrer saß nämlich ziemlich genau auf der Mitte des übergroßen

Vorderrades. Bei scharfem Bremsen, steilem Bergabfahren oder aber, wenn ein größerer Stein im Weg lag, wurde er mit kräftigem Schwung über das Vorderrad gehoben und mit dem Kopf voran zu Boden geschleudert. Header, Cropper oder Kopfsturz nannten die Fahrradpioniere diesen Sturz.

Von all dem wusste Schröter, als er am nächsten Nachmittag das Rad aus der Haustür hob und es, gefolgt von einer neugierigen Menge, die Mohrenstraße hinunter zu einem kleinen Platz an der Itz schob. Er hatte am Abend zuvor überlegt, ob er sich irgendeinen geheimen Ort außerhalb der Stadt suchen sollte, hatte sich dann aber gesagt, dass ihm auf jeden Fall irgendjemand folgen würde. Die Erzählungen über seine Fahrversuche hätten dann nur umso fantastischer ausgeschmückt in der Stadt die Runde gemacht. Allerdings hatte er Anna verboten mitzukommen, angeblich, weil ihre Nähe ihn dazu verleiten könne, doch ihre Hilfe in Anspruch zu nehmen, tatsächlich aber wollte er ihr nur die höhnischen Bemerkungen der Gaffer ersparen. An dem Platz angekommen, begann sofort sein wütender Kampf mit diesem Gestell. Er war ja notgedrungen Autodidakt und hatte sich eine Broschüre zur Erlernung des Hochradfahrens besorgt, in der in zahlreichen Abbildungen das richtige Auf- und Absteigen illustriert worden war.

Schröter erlebte an diesem Nachmittag den großen und grundlegenden Unterschied zwischen Theorie und Praxis. Er stieg auf und fiel um. Die Menge stand und schwieg. Er stand wieder auf und fiel wieder um. Nachdem er das einige Male wiederholt hatte, einmal auch in den Sattel kam, dann aber umso schneller nach vorn kippte – er konnte gerade noch den Kopf einziehen und sich über die Schulter abrollen –, hatte sich schon unter den nun begeistert Klatschenden ein spontaner Schlachtruf gefunden: Hopf, hopf, hopf, immer aufem Kopf! Es muss eine Stimmung wie siebzig Jahre später in einem Catcherzelt gewesen sein, als er sich wieder aufrappelte, einen Moment benommen hin und her tappte, das Rad aufhob, das Vorderrad und das kleine Schwanzrad vorschriftsmäßig in einer Linie aufstellte und nunmehr anschob, da er mehrmals die Erfahrung gemacht hatte, dass er nie so schnell aus dem Stand in den Sattel kommen konnte, wie das Rad umfiel.

Ich bewundere ihn und frage mich, warum er sich dieser Tortur unterzog, denn da waren ja nicht nur die schmerzhaften und oftmals auch gefährlichen Stürze, sondern auch das sie begleitende widerliche Gelächter all der Neugierigen. Er machte sich auf eine schmerzhafte Weise lächerlich. Warum? Hatte man ihn als Säugling in einem jener Steckkissen herumgetragen, die damals noch gebräuchlich waren und den Müttern während ihrer Arbeit erlaubten, die Kinder als gut verschnürte Pakete abzulegen? Musste er, der Jüngste, dem ein ausgeprägter Wille nachgerühmt wurde, mit ohnmächtiger Wut ansehen, wie alle Geschwister schneller weglaufen konnten als er? Oder hatte sich in ihm später, während seiner Dienstzeit bei der Infanterie, ein solider Hass auf diese schwachsinnige Lauferei gestaut, wenn ihm die Gewaltmärsche trotz sorgfältigst gewickelter Fußlappen die Haut von den Hacken zogen? Natürlich reichen solche Mutmaßungen nicht aus, um diese seltsame Mischung aus Tollkühnheit, Kraft, Entdeckerfreude, Eitelkeit, Bewegungslust und Hartnäckigkeit zu erklären, mit der er das Radfahren erlernen wollte. Und wieder stürzte er. Die schadenfrohe Menge feuerte ihn jetzt mit dem Reim an: Los, Schröter, hopp, fall mal aufn Kopp!

Aber dann, nachdem es einen Moment so ausgesehen hatte, als wolle er aufgeben, richtete er das Rad wieder auf, starrte kurz zu den Grölenden hinüber, entdeckte nicht Anna, die trotz seines Verbotes gekommen war, im Korb ein Verbandspäckchen, und in der tobenden Menge still und erschrocken stand, denn was sie sah, war nicht das vertraute Gesicht ihres Mannes: Der da mit stierem Blick und verkniffenem Mund Anlauf nahm, den kannte sie nicht, das war ein anderer; der stieg jetzt mit wutverzerrtem Gesicht auf das Rad, stieß, als er oben sitzen blieb, einen erlösenden Schrei aus, trat in die Pedale, nahm mit bedrohlicher Schräglage Fahrt auf, tretend, tretend, tretend, wurde schneller, richtete durch eine vorsichtige Gewichtsverlagerung das Rad auf und fuhr immer schneller werdend über den Platz, hinter sich die verstummende Menschenmenge, die zum ersten Mal staunend sah, was doch jeder Erfahrung widersprach, was so ganz und gar gegen den gesunden Menschenverstand ging, dass zwei Räder rollten, nicht kippten. Schröter fuhr, den Oberkörper weit vornübergelegt, was, wie er wusste, falsch, gefährlich und unelegant war, aber er fuhr und hatte plötzlich das Gefühl, als schwebe er, ein Gefühl, das er später als das reine Glück beschrieb, ein Gefühl der Mühelosigkeit, das ihm jetzt, nach all den Qualen, umso reiner erschien und dessen Geheimnis darin lag, dass er sich erstmals aus eigener Kraft schneller und ruhiger vorwärts bewegen konnte, als es ihm allein auf sich gestellt je möglich gewesen wäre. So fuhr er ein gutes Stück, bis er an das Ende des Platzes kam, der dort fast vier Meter steil zum Fluss abfällt. Vergeblich versuchte er, eine Kurve zu fahren. Die Geschwindigkeit war zu groß. Bremste er, hob sich sofort das Schwanzrad bedrohlich hoch. So blieb nur der Notabstieg. Das Absteigen vom Hochrad aber, das wusste Schröter, war die schwierigste Sache der Welt. Und natürlich hatte er den Absatz aus der Hochradfahrschule, den er gestern Abend noch gelesen und rot unterstrichen hatte, nicht mehr vor Augen: Beim Absprung über die Steuerstange wird das eine Bein in die Höhe gehoben, das Bein wird über die Stange geschwungen und mit der Hand der Griff wieder gefasst. Nunmehr wird das Bein bei der anderen Hand in derselben Weise wieder herausgelassen, sodass die Beine auf eine Seite hängen, worauf man abspringt. Dieser Absprung macht den Eindruck der Kühnheit, sieht aber viel schwerer aus, als er ist, und verlangt nur ein wenig Mut und Selbstvertrauen.

Es war weder Mut noch Selbstvertrauen, die Onkel Franz einen neuen, stark vereinfachten Absprung finden ließen, es war die Angst vor der Uferböschung. Er stieß sich von dem dahinrasenden Rad ab, machte eine damals von allen Turnlehrern hoch bewertete Rückwärtsrolle, kam auf den Hintern zu sitzen, aber mit solchem Schwung, dass er mühelos aufstehen konnte und so wie ein Artist, wenn auch mit zitternden Knien, seinem Publikum gegenüberstand. Alle klatschten begeistert.

Abends, nachdem er sein Rad geputzt und Speiche für Speiche mit Öl abgerieben hatte, stieg er steif die ausgetretene Holztreppe zum Schlafzimmer hinauf, wo er sich die verdreckte Jacke und die aufgerissene Hose auszog, sich wie Odysseus nackt auf dem Ehebett ausstreckte, einer kolossalen Burg mit Holzpalisaden und wehrhaften Ecktürmen, und sich von Anna mit Ponds die Blutergüsse und Hautabschürfungen einsalben ließ. Sie wisse jetzt, warum er sich so abquäle, sagte Anna, warum er unbedingt auf dieser Maschine fahren wolle, sie habe ihn beobachtet, nachdem er das Rad aus der Itz gezogen habe, da, als er an all den gaffenden Leuten vorbeiging, habe sie den Grund in seinem Gesicht lesen können, genau das, wovor Hauptpastor Hahn in jeder seiner Predigten warne: Hochmut. Und Hochmut, sagte Anna, kümmt vor de Fall.

Radlerpech

Straßenlärm – Trambahngeräusch usw.

STIMMEN: Obacht, obacht! Jessas! Jessas! Au! Auh! *Schrei.*

KARL VALENTIN: Jessas, jessas, lauft mir des saudumme Frauenzimmer direkt ins Radl nei – i ko nix dafür – ja, hörn denn Sie net, wenn i scho a halbe Stund läut, Sie narrisch Gwachs, Sie!

LIESL KARLSTADT: Geh, reden S' doch net so unverschämt daher, Sie ham ja überhaupt nicht g'litten, was wolln S' denn, Sie sind mir direkt mit Ihrm Radl zwischen d' Füaß neigfahrn.

KARL VALENTIN: Ich hab schon g'litten, ich hab schon g'litten, Sie ham mich nicht ghört – dös ist nicht wahr, wer hat net g'litten, ich hab schon g'litten, ich hätt net g'litten, für was hab ich denn an meim Radl a Glockn dran – Herr Nachbar, Sie san Zeuge, hab ich an meim Radl a Glockn dran oder nicht?

ZEUGE: Das stimmt, da muss ich dem Herrn Radfahrer recht geben. Der Herr hat an seim Rad a Glockn dran.

LIESL KARLSTADT: Das glaub ich schon, dass er a Glockn dran hat, aber g'litten hat er net mit der Glockn.

ZEUGE: Geh, Frau, reden S' doch net so dumm daher, was hätt denn dö Glockn an dem Herrn sein Radl für an Zweck, wenn er net läuten tät damit?

KARL VALENTIN: Ja, dös glaub i aa.

LIESL KARLSTADT: Ach, Unsinn, was verstehn denn Sie? Da, schaun S' her, wie ich ausschau, den ganzen Rock hat er mir zerrissen.

KARL VALENTIN: So, hätten S' halt kein Rock anzogn.

LIESL KARLSTADT: Das tät Ihnen so passen, gell?

KARL VALENTIN: Ja, mir schon, mir schon.

LIESL KARLSTADT: Sie, Herr Schutzmann, wo sind S' denn – Herr Schutzmann, sind S' so gut, komma S' amal her da, bitte, da komma S' amal her, Herr Schutzmann.

KARL VALENTIN: Ja, da braucha S' dann an Schutzmann dazua – da komma S' glei immer mitn Schutzmann daher.

SCHUTZMANN: Ja, was ist denn hier los?

KARL VALENTIN: Dö Frau is mir direkt …

LIESL KARLSTADT: Schaun S' amal her, ist nicht wahr, lassen S' mich zuerst reden.

KARL VALENTIN: Lassen S' mich reden, die Frau ist mir …

LIESL KARLSTADT: Dieser Herr ist mir soeben mit seiner Glocken in mein Rock neigfahrn.

KARL VALENTIN: Ah, ist gar nicht wahr, schaun S', Herr Schutzmann, ich bin mit meim Radl auf der Straßn gfahrn und hab mit der Glockn g'litten, die Frau hat mich nicht ghört und mei Glockn auch nicht und ist mir direkt in d' Füaß nei … dö Herrn ham's alle gsehn.

LIESL KARLSTADT: Ah – ja wia ma nur so lüagn kann, das ist ja alles gar nicht wahr, was der sagt, das ist nicht wahr, Herr Schutzmann – Sie sind ja ein Schwindler.

KARL VALENTIN: Ich bin kein Schwindler, ich bin ein Radfahrer.

LIESL KARLSTADT: Ist nicht wahr. Ich bitte Sie, Herr

Schutzmann, schaun S', schaun S', lassen S' mich doch auch reden, ich bin eine anständige Frau, nicht wahr ...

KARL VALENTIN: Ja, dös sieht man, Sie wern a anständige Frau sei'.

LIESL KARLSTADT: Ich bin grad im Moment so allein auf der Straß' ganga.

KARL VALENTIN: Da ham mas ja.

SCHUTZMANN: Na, na, wenn Sie schon einmal allein auf der Straße gehn, dann sind Sie keine ganz anständige Frau.

KARL VALENTIN: Ja, dös denk i mir eben aa.

LIESL KARLSTADT: Bitte, so lassen Sie mich doch zuerst ausreden, nicht wahr. Ich bin grad auf der Straß gegangen, auf einmal kommt der Depp mit seim Radl dahergsaust und fahrt mir mit 40 km Geschwindigkeit direkt zwischen d' Füß nei, schaun S' mich doch an, wie ich aussteh, mein ganzer Rock ist dafetzt.

KARL VALENTIN: Ich gib Ihna nacha an Depp – ah – ich bin ganz langsam gfahrn.

LIESL KARLSTADT: Ich verlang von dem Herrn ein Schmerzensgeld.

KARL VALENTIN: So – ham Sie vielleicht an Eahnan Rock Schmerzen?

LIESL KARLSTADT: Ah, Schmarrn – aber Sie als Schutzmann – ich bitte Sie, Sie haben doch die Pflicht, dass Sie diesen saubern Herrn Radfahrer sofort aufschreiben, das kann ich von Ihnen verlangen, jawohl!

KARL VALENTIN: Ja, mich natürlich, weil Sie mir neiglaffa sind.

SCHUTZMANN: Ja, ja, das mach ich sowieso – aber zuerst Ihre Personalien – Sie heißen?

LIESL KARLSTADT: Maria.

SCHUTZMANN: Wie noch?

LIESL KARLSTADT: Huber.

SCHUTZMANN: Geboren?

LIESL KARLSTADT: Den 23.

SCHUTZMANN: Was 23.?

LIESL KARLSTADT: No ja, November.

SCHUTZMANN: Ah ja, weiter, weiter, was für ein Jahr? Diktieren Sie doch schneller, ich hab nicht so viel Zeit, ich muss heute noch mehr Radler aufschreiben, also los!

LIESL KARLSTADT: Was schneller? So schnell könna Sie nicht schreiben wie ich reden kann.

SCHUTZMANN: Kümmern Sie sich nicht um mich – also schneller, los, los!

LIESL KARLSTADT: Ja also, bitte, dann schreiben Sie: Ich heiße Maria Huber, geboren den 23. November 1892 zu Ingolstadt an der Elbe als Tochter eines verheirateten Kehrrichttonnenabfuhrchauffeurs, meine Mutter war eine geborene Karolina Dünndipfeldick aus Wallersdorf bei Rosenheim, Bezirksamt Oberbayern.

SCHUTZMANN: Halt, halt! Da komm ich ja nicht mehr mit. Etwas langsamer doch!

Alles lacht.

LIESL KARLSTADT: Gell, gell, ich habs ja gwusst, ich habs Ihnen ja gleich gsagt, dass Sie nicht nachkommen, ich habs Ihnen doch gsagt, dass Sie nicht so schnell schreiben können wie ich reden kann.

SCHUTZMANN: Na ja, bei dem Mundwerk …

ALLE *lachen*: Jetzt kommt er nimmer nach … jetzt kommt er nimmer nach …

Ende einer Tour de France

28. Juli 1912

G ehen Sie da weg, mein Gott! Sie kommen, sie kommen!«

Wir bewegen uns nicht von der Stelle. Stumm und mit verächtlicher Miene bleiben wir im Auto sitzen, das bei der Durchfahrt auf der Höhe von Villennes am Straßenrand geparkt ist. Eine Stunde Wartens hat uns nämlich über den Stellenwert dieser Warnung aufgeklärt, die uns von vorbeikommenden Radlern zugerufen wurde. Sie sind rot, aufgeregt und schwitzen; sie haben kleine Fähnchen an ihrem Lenker gehisst und treten hektisch in die Pedale, während sie knappe Meldungen ausstoßen, die keinen Widerspruch dulden. Sie sind keine Funktionäre, sie sind kleine Sonntagsfahrer, die in dieser stillen Gemüsebaulandschaft den Ruhestörer spielen wollen – ohne Erfolg.

Von Poissy bis Villennes dienen die staubigen Straßenränder als Teppich für friedliche Familien, für wenig ehrgeizige Radfahrer mit Gamaschen und für ein paar sonntägliche Säufer. Manche, wie wir auch, essen zu Mittag, während sie darauf warten, dass »die Tour de France« zurückkommt. Ein leichter Wind bewegt das Spargelkraut, die Zwiebelblüten, die noch aufrecht stehenden Ähren und trägt den scheußlichen Geruch des Düngers mit sich fort.

Von Zeit zu Zeit kommt ein Halbwüchsiger auf zwei Rädern herangestürzt, mit wehenden Rockschößen, und schreit mit weit aufgerissenen Augen dramatische Neuigkeiten heraus, die er soeben extra erfunden hat:

»Da hat sich gerade einer umgebracht! …«

»'s gibt nur noch drei von der Peugeot-Mannschaft. Alle anderen sind zusammengeklappt! …«

Die weiß bemehlte Straße wirbelt hinter ihnen auf – wie die Rauchwolke im Theater, in der sich ein eben beschworener schalkhafter Geist versteckt …

Aber da kommen andere, ebenfalls auf zwei Rädern, aber nicht rot, sondern von einem seltsamen Gelb, als gehörten sie einer anderen Rasse an. Eine Schminke aus Schweiß und Staub bedeckt sie, verklebt ihre Schnurrbärte; ihre Augen in tiefen Höhlen und die wie zugegipsten Wimpern lassen sie wie gerade errettete Grubenarbeiter aussehen.

»Da, das sind die ernst zu nehmenden Amateure«, sagt mein Begleiter. »Die Rennfahrer sind nicht mehr weit.«

Er spricht noch, als eine niedrige weiße Wolke in der Biegung der Straße auftaucht und auf uns zurollt. Sie macht uns blind, verschlägt uns den Atem. Wir fahren auf gut Glück an; ein Begleitwagen heult hinter uns her wie die Sirene eines verlorenen Schiffes; ein anderer streift und überholt uns, kühn und schwungvoll vorbeischlängelnd wie ein riesiger Fisch; ein wirrer kleiner Trupp Radfahrer mit erdigen Lippen, in all dem Staub nur zu ahnen, klammert sich an die Seiten des Automobils, rutscht ab, geht zu Boden …

Wir folgen, hängen uns an das Rennen an. Vor uns habe ich drei schmächtige Fahrer gesehen, die sofort von dicken Staubwolken verschluckt wurden: Rücken gelb und schwarz, rote Startnummern, drei Wesen, die kein Gesicht zu haben scheinen, mit brückenförmigem Rückgrat, Kopf an den Knien, unter einer weißen Haube ... Sie sind sehr schnell verschwunden, die einzig Stummen in diesem Tumult; ihre Hast vorwärtszukommen und ihr Schweigen scheint sie von dem, was hier los ist, völlig zu isolieren. Es sieht nicht so aus, als wären sie Rivalen, viel eher scheinen sie auf der Flucht vor uns; gejagtes Wild dieses Geleitzugs in undurchdringlichem Staub, in dem sich Schreie, Hupen, Vivatrufe und Donnergrollen mischen.

Wir folgen, den Mund voll knirschender Steinchen, mit brennenden Nasenflügeln. Vor uns in der Wolke kann man undeutlich den niedrigen Schatten eines unsichtbaren Autos ahnen, das dennoch so nah ist, dass wir es mit der Motorhaube berühren könnten; wir klettern auf den Sitz, um hinter uns ein anderes Wagengespenst zu betrachten, und noch andere dahinter; fuchtelnde Arme sind zu vermuten und Schreie, die uns verwünschen und freie Durchfahrt verlangen ... Überall um uns herum ist Gefahr, der erstickende, schmierige, rauchige Geruch beginnender Brände; und in uns und überall entsteht eine teuflische Lust an der Geschwindigkeit, der dumme und unbezwingbare Wunsch, »Erster« zu sein ...

Inzwischen haben uns die stummen Radfahrer – die bescheidenen Anführer dieser betäubenden Kolonne – bis zum Bahnübergang gelotst, wo die geschlossene Schranke das Rennen einen Moment aufhält. Eine helle Menschenmenge im Sonntagsstaat wartet und johlt; und wieder büxen die kleinen, schwarz-gelben, rot bezifferten Männer aus, schlüpfen durchs Fußgängertor, überqueren die Gleise und verschwinden. Wir hängen hinter dem Gitter fest, wütend und wie um etwas betrogen. Die Staubwolke, die sich für einen Moment gelegt hat, macht den Blick auf eine dreispurige Schlange ungeduldiger und leistungsstarker Wagen frei, straßenfarben, schlammfarben – und die Chauffeure, weiß wie die Wand und maskiert, belauern ihren Vordermann und sind zum vielleicht tödlichen Überholmanöver bereit … Zu meiner Rechten haben sich zwei Herren in ihrem Wagen aufgerichtet; wie Wasserspeier hängen sie über dem Kopf ihres Fahrers. Im Wagen links kauert ein anderer, schwarz von Fett und Öl, die Füße auf den Polstern, und fixiert durch seine gewölbte Brille die Straße. Alle sehen sprungbereit aus, bereit zum Schlag, und das Objektiv so manchen Fotoapparats wirkt unruhig, zielbewusst, wie eine schwarze Kanone … Es ist warm. Eine gewittrige Sonne brütet über all dieser anonymen Wildheit …

Durch ganz Poissy hindurch wartet eine fröhliche, gut gelaunte Menschenmenge auf die Rennfahrer, die wir wieder eingeholt haben. Ein gutmütiger und leicht betrunkener Dicker möchte seinen Enthusiasmus bezeugen, indem er einen der schwarz-gelben Roboter umarmt, der in etwas langsamerem Tempo vorbeifährt: der Roboter ohne Gesicht platziert mit einem Mal eine schreckliche Faust im Vollmondgesicht des Dicken und kehrt in seine Wolke zurück wie ein gerächter Gott …

Avenue de la Reine in Boulogne … Die immer dichter werdende Menge ist bis zur Mitte der Straße vorgedrungen und öffnet sich in ihrem lästigen Übereifer immer gerade vor dem Führenden, der nun den Kopf oben hat, sodass man seinen verzweifelten Blick und seinen offenen Mund sieht, aus dem wohl wütende Schreie kommen ... Man macht ihm Platz, aber die Menschenmasse schließt sich gleich wieder vor uns, die wir ihm folgen, so wie ein Kornfeld, das sich nach dem Windstoß sofort wieder aufrichtet. Ein zweiter Fahrer streift uns, genauso von der Menge behindert, die ihn feiert, und sein blondes Gesicht, genauso wütend, starrt wie von Sinnen auf einen Punkt da vorne: den Eingang der Radrennbahn ...

Es ist zu Ende. Es gibt jetzt nur noch die riesige Bahn im Parc des Princes, die von einer breiten Menschenmenge bedeckt ist. Die Schreie, das Klatschen, die Musik sind nichts als eine leichte Brise im Vergleich zu der Sturmbö, die mich bis hierher gebracht hat und aus der ich betäubt und mit brummendem Kopf auftauche. Aber dort hinten, ganz weit weg, auf der anderen Seite des Ovals sehe ich noch immer zwei winzige und unermüdlich auf- und abstampfende Pleuel, die genügten, um dieses mechanische Gewitter auszulösen: es sind die winzigen Beine des Siegers.

THOMAS GSELLA
An eine Dahinfahrende

Es war mir nicht genug,
als eine späte Sommerluft
mir deinen Duft zutrug;
so wollte ich dich sehn.

Ich ging zum Fenster hin und sah
an meinem Rad dich stehn,
gleich unter mir, geduckt.
Zu deinen Knien ein Werkzeuglein.
Da hat's mich lieb durchzuckt,
ach du! Und meine Hand
bestrich dein weiches Haar so leicht,
als sei ihr längst bekannt,
was sie noch nie gefühlt.
Du wandtest dein Gesicht mir zu
und sprachst leicht unterkühlt:

»Hau ab, du Idiot!«
Und brachst das Schloss und fuhrst dahin.
Fern glühte Abendrot – –

Das Steyr-Waffenrad meines Vormunds

Im Alter von acht Jahren trat ich auf dem alten Steyr-Waffenrad meines Vormunds, der zu diesem Zeitpunkt in Polen eingerückt und im Begriff war, mit der deutschen Armee in Russland einzumarschieren, unter unserer Wohnung auf dem Taubenmarkt in Traunstein in der Menschenleere eines selbstbewussten Provinzmittags meine erste Runde. Auf den Geschmack dieser mir vollkommen neuen Disziplin gekommen, radelte ich bald aus dem Taubenmarkt hinaus durch die Schaumburgerstraße auf den Stadtplatz, um nach zwei oder drei Runden um die Pfarrkirche den kühnen, wie sich schon Stunden später zeigen musste, verhängnisvollen Entschluss zu fassen, auf dem, wie ich glaubte, von mir schon geradezu perfekt beherrschten Rad meine nahe dem sechsunddreißig Kilometer entfernten Salzburg in einem mit viel Kleinbürgerliebe gepflegten Blumengarten lebende und an den Sonntagen beliebte Schnitzel backende Tante Fanny aufzusuchen, die mir als das geeignetste Ziel meiner Erstfahrt erschien und bei der ich mich nach einer bestimmt nicht zu kurzen Phase der absoluten Bewunderung für mein Kunststück anzuessen und auszuschlafen gedachte. Die auserwählte Klasse der Radfahrer hatte ich von den ersten bewussten Augenblicken meines begierigen Sehens an bewundert, jetzt gehörte ich dazu. Kein Mensch hatte mich diese so lange vergeblich bewunderte Kunst gelehrt, ich hatte, ganz ohne um Erlaubnis zu bitten, das kostbare Steyr-Waffenrad meines Vormunds aus dem Vorhaus geschoben, nicht ohne schmerzendes Schuldbewusstsein, und mich, ohne über das Wie nachzudenken, auf die Pedale gestemmt und war losgefahren. Da ich nicht stürzte, empfand ich mich schon in diesen ersten Augenblicken auf dem Fahrrad als Triumphator. Es wäre ganz gegen meine Natur gewesen, nach einigen Runden wieder abzusteigen; wie in allem trieb ich das nun einmal begonnene Unternehmen bis zum Äußersten. Ohne einem einzigen dafür zuständigen Menschen ein Wort gesagt zu haben, verließ ich auf der luftigen Höhe des Waffenrades und des damit verbundenen Vergnügens den Stadtplatz, um schließlich in der sogenannten Au und dann in der freien Natur Richtung Salzburg die Räder laufen zu lassen. Obwohl ich noch zu klein war, um tatsächlich auf dem Sattel zu sitzen, ich musste ja, wie alle andern zu kleinen Anfänger, mit dem Fuß unter die Stange durch auf das Pedal, beschleunigte ich zusehends meine Geschwindigkeit, dass es fortwährend bergab ging, war ein zusätzlicher Genuss. Wenn die Meinigen wüssten, was ich, durch einen durch nichts vorher angekündigten Entschluss, schon erreicht habe, dachte ich, wenn sie mich sehen und naturgemäß gleichzeitig, weil sie keine andere Wahl haben, bewundern könnten! Ich malte mir den höchsten, ja den allerhöchsten Grad ihrer Verblüffung aus. Dass mein Können mein Vergehen oder gar Verbrechen auszulöschen imstande sei, daran zweifelte ich nicht eine Sekunde. Wem, außer mir, gelingt es schon, zum allerersten Mal auf das Rad zu steigen und auf und davon zu fahren, und noch dazu mit dem höchsten Anspruch, nach Salzburg! Sie müssten einsehen, dass ich mich doch immer, gegen die größten Hemmnisse und Widerstände, durchsetzte und Sieger sei! Vor allem wünschte ich, während ich die Pedale trat und es schon in die Schluchten unterhalb Surbergs ging, mein wie nichts auf der Welt geliebter Großvater könnte mich auf dem Fahrrad sehen. Da sie nicht da waren und überhaupt nichts von meinem nun schon sehr weit vorangetriebenen Abenteuer wussten, musste ich zeugenlos mein Werk vollbringen. Sind wir auf der Höhe, wünschen wir den Beobachter als Bewunderer wie sonst nichts herbei, aber dieser Beobachter als Bewunderer fehlte. Ich begnügte mich mit der Selbstbeobachtung und der Selbstbewunderung. Je härter mir die Geschwindigkeit ins Gesicht blies, je mehr ich mich meinem Ziel, der Tante Fanny, näherte, desto radikaler vergrößerte sich die Entfernung aus dem Ort meiner Ungeheuerlichkeit. Wenn ich auf der Geraden für einen Augenblick die Augen zumachte, kostete ich die Glückseligkeit des Triumphators. Insgeheim war ich mir mit meinem Großvater einig: ich hatte an diesem Tag die größte Entdeckung meines bisherigen Lebens gemacht, ich hatte meiner Existenz eine neue Wendung gegeben, möglicherweise die entscheidende der mechanischen Fortbewegung auf Rädern. So also begegnet der Radfahrer der Welt: von oben! Er rast dahin, ohne mit seinen Füßen den Erdboden zu berühren, er ist ein Radfahrer, was beinahe so viel bedeutet wie: ich bin der Beherrscher der Welt. In einem beispiellosen Hochgefühl erreichte ich Teisendorf, das durch seine Brauerei berühmt ist. Gleich danach musste ich absteigen und das Waffenrad meines eingerückten und dadurch tatsächlich beinahe völlig entrückten Vormunds schieben. Ich lernte die unangenehme Seite des Radfahrens kennen. Der Weg zog sich, ich zählte abwechselnd die Randsteine und die Risse im Asphalt, ich hatte bis jetzt nicht bemerkt, dass der Strumpf an meinem rechten Bein von der Kette ölverschmiert war und in Fetzen herunterhing. Der Anblick war deprimierend, sollte sich gerade aus diesem Blick auf den zerrissenen Strumpf auf dem ölbeschmierten, ja schon blutigen Bein eine Tragödie entwickeln? Ich hatte Straß vor mir. Ich kannte die Landschaft und ihre Ortschaften von mehreren Bahnreisen zu meiner Tante Fanny, die mit meinem Onkel, dem Bruder meiner Mutter, verheiratet war. Es hatte jetzt alles eine vollkommen andere Perspektive. Sollten meine Lungenflügel nicht mehr die Kraft bis Salzburg haben? Ich schwang mich auf das Rad und trat in die Pedale, es war jetzt mehr aus Verzweiflung und Ehrgeiz denn aus Verzückung und Enthusiasmus, dass ich die berühmte Rennfahrerhaltung einnahm, um die Geschwindigkeit noch einmal steigern zu können. Hinter Straß, von wo aus man schon Niederstraß sehen kann, riss die Kette und verwickelte sich erbarmungslos in den Speichen des Hinterrades. Ich war in den Straßengraben katapultiert worden. Ohne Zweifel, das war das Ende. Ich stand auf und blickte mich um. Es hatte mich niemand beobachtet. Es wäre zu lächerlich gewesen, in diesem fatalen Kopfsprung ertappt worden zu sein. Ich hob das Fahrrad auf und versuchte, die Kette aus den Speichen zu ziehen. Mit Öl und Blut verschmiert, zitternd vor Enttäuschung, blickte ich in die Richtung, in welcher ich Salzburg vermutete. Immerhin, ich hätte nur noch zwölf oder dreizehn Kilometer zu überwinden gehabt. Erst jetzt war ich darauf gekommen, dass ich die Adresse meiner Tante Fanny gar nicht kannte. Ich hätte das Haus im Blumengarten niemals gefunden. Auf meine Frage: wo ist oder wo wohnt meine Tante Fanny? hätte es, wäre ich tatsächlich bis Salzburg gekommen, gar keine oder mehrere Hundert Antworten gegeben. Ich stand da und beneidete die Vorüberfahrenden in ihren Automobilen und auf ihren Motorrädern, die von meiner verunglückten Existenz keinerlei Notiz nahmen. Wenigstens ließ sich das Hinterrad wieder drehen, also konnte ich das Steyr-Waffenrad meines Vormunds schieben, allerdings dahin zurück, wo nurmehr das Unheil auf mich wartete und wo es auf einmal jäh finster zu werden drohte. Im Überschwang meines Ausflugs hatte ich naturgemäß auch kein Zeitgefühl mehr gehabt, und zu allem Überdruss war auch noch von einem Augenblick auf den andern ein Gewitter hereingebrochen, das die Landschaft, die ich gerade noch mit dem höchsten aller Hochgefühle durcheilt hatte, in ein Inferno verwandelte. Brutale Wassermassen ergossen sich über mich und hatten in Sekundenschnelle aus der Straße einen reißenden Fluss gemacht, und unter den tosenden Wassermassen mein Rad schiebend, heulte ich unaufhörlich. Bei jeder Umdrehung verklemmten sich die verbogenen Speichen, die Finsternis war vollkommen, ich sah nichts mehr. Wie immer, so dachte ich, bin ich einer Versuchung, die nur ein durch und durch furchtbares Ende haben konnte, zum Opfer gefallen. Entsetzt stellte ich mir den Zustand meiner Mutter vor, wie sie, nicht zum ersten Mal, die Polizeiwachstube im Rathaus betritt, ratlos, wütend, von dem *schrecklichen, fürchterlichen* Kind stammelnd. Der Großvater, weit außerhalb und am anderen Ende der Stadt, hatte keine Ahnung. Auf ihn setzte ich jetzt wieder alles. Es war mir klar: an den Montagsschulbesuch war nicht zu denken. Ich hatte mich unerlaubt und auf die gemeinste Weise aus dem Staub gemacht und dazu auch noch das Waffenrad meines Vormunds ruiniert. Ich schob ein Gerümpel. Mein Körper war abwechselnd von den Wassermassen und von einer unbarmherzigen Angst geschüttelt. So tappte ich mich mehrere Stunden zurück. Alles wollte ich wiedergutmachen, aber hatte ich überhaupt noch die Möglichkeit dazu? Ich hatte mich nicht geändert, meine Beteuerungen waren nichts wert, meine guten Vorsätze waren wieder nichts anderes als Geplapper gewesen. Ich verfluchte mich. Ich wollte sterben. Aber so einfach war das nicht. Ich bemühte mich um eine menschenwürdige Haltung. Ich verurteilte mich zur Höchststrafe. Nicht zur Todesstrafe, aber zur Höchststrafe, wenn ich auch nicht genau wusste, was diese Höchststrafe sein könnte, gleich darauf war ich mir wieder der Absurdität dieses teuflischen Spiels bewusst. Die Schwere der Verbrechen hatte zweifellos zugenommen, das empfand ich ganz deutlich. Alle bisherigen Vergehen und Verbrechen waren gegen dieses nichts. Meine Schulschwänzereien, meine Lügen, meine immer wieder überall gestellten Fallen kamen mir gegenüber meinem neuen Vergehen oder Verbrechen, wie immer, harmlos vor. Ich hatte einen gefährlichen Grad meiner Verbrecherlaufbahn erreicht. Das kostbare Waffenrad ruiniert, die Kleider beschmutzt und zerrissen, das ganze Vertrauen in mich auf die niederträchtigste Weise gebrochen. Das

Wort Reue empfand ich augenblicklich als geschmacklos. Ich rechnete, während ich mein Fahrrad durch das Inferno schob, immer wieder alles von oben bis unten durch, addierte, dividierte, subtrahierte, der Urteilsspruch musste entsetzlich sein. Das Wort *unverzeihlich* markierte fortwährend meine Gedanken. Was nützte es, dass ich heulte und mich verfluchte? Ich liebte meine Mutter, aber ich war ihr kein lieber Sohn, nichts war einfach mit mir, alles Komplizierte meinerseits überstieg ihre Kräfte. Ich war grausam, ich war niederträchtig, ich war hinterhältig, ich war, das war das Schlimmste, gefinkelt. Der Gedanke an mich erfüllte mich mit Abscheu. Wenn ich, zu Hause an ihre Schulter gelehnt, ihr Atmen zu meinem Glück machen könnte, wenn sie ihren Tolstoi liest oder einen anderen von ihr geliebten russischen Roman, dachte ich. Wie verkommen ich bin. Ekelhaft. Wie ich meine Seele beschmutzt habe! Wie ich Mutter und Großvater wieder zutiefst betrogen habe! Du bist, was sie dich nennen, *das scheußlichste aller Kinder!* Ich dachte, ich könnte jetzt, wo die Welt doch nichts ist als eine zutiefst verabscheuungswürdige, finstere Hässlichkeit, wäre ich zu Hause, ohne Scham und ohne schlechtes Gewissen ins Bett gehen. Ich hörte das *Gute Nacht* meiner Mutter und heulte noch heftiger. Hatte ich denn überhaupt noch Schuhe an den Beinen? Es war, als hätte der Regen alles von mir weggeschwemmt, als hätte er mir nichts als meine Armseligkeit gelassen. Aber ich durfte nicht aufgeben. Ein Licht und das in dem Licht langsam erkennbare Wort *Gasthaus* waren jetzt meine Hoffnung. Mein Großvater hatte mich immer gewarnt: die Welt ist widerwärtig, unerbittlich, tödlich. Wie recht er hatte. Es ist alles noch viel schlimmer, als ich dachte. Eigentlich wollte ich auf der Stelle tot sein. Aber dann schob ich das Fahrrad noch die paar Meter auf die Gasthaustür zu, lehnte es an die Mauer und trat ein. Auf einem Podium tanzten Bauernburschen und -mädchen zu einer Kapelle, die mir wohlbekannte Tänze spielte, aber das tröstete mich nicht, im Gegenteil, jetzt fühlte ich mich vollkommen ausgeschlossen. Die ganze menschliche Gesellschaft stand mir als Einzigem, der nicht zu ihr gehörte, gegenüber. Ich war ihr Feind. Ich war der Verbrecher. Ich verdiente es nicht mehr, in ihr zu sein, sie verwahrte sich gegen mich. Harmonie, Lustigkeit, Geborgenheit, darin hatte ich nichts mehr zu suchen. Jetzt zeigt der Finger der ganzen Welt auf mich, tödlich. Während des Tanzes wurde meine Erbärmlichkeit nicht zur Kenntnis genommen, aber dann, als die Paare das Podium verließen, war ich entdeckt. Ich schämte mich zutiefst, gleichzeitig war ich glücklich, angesprochen zu sein. Woher? Wohin? Wer und wo sind deine Eltern? Sie haben kein Telefon? Nun gut, setz dich her. Ich setzte mich. Trink! Ich trank. Deck dich zu. Ich deckte mich zu. Ein derber Förstermantel schützte mich. Die Kellnerin fragte, ich antwortete und weinte. Das Kind fiel auf einmal wieder kopfüber in seine Kindheit hinein. Die Kellnerin berührte es am Nacken. Streichelte es. Es war gerettet. Aber das ändert nichts an der Tatsache, dass dieses Kind das scheußlichste Kind ist von allen Kindern. *Du hast mir noch gefehlt!*, war der immer wiederkehrende Ruf meiner Mutter. Ich höre ihn auch heute noch deutlich. Ein Schreckenskind! Ein Fehltritt! Ich kauerte geduckt in einer finsteren Ecke der Wirtsstube und beobachtete die Szene. Die Natürlichkeit der Menschen auf und vor dem Podium gefiel mir. Hier *zeigte* sich eine Welt und Gesellschaft und gab sich vollkommen anders als die meinige. Ich gehörte nicht dazu, ob ich wollte oder nicht, auch die Meinigen gehörten nicht dazu, ob sie wollten oder nicht. Aber existierten wirklich die einen natürlich und die andern künstlich, diese natürlich, die Meinigen künstlich? Ich war nicht imstande, meine Vorstellung zu einem Gedanken zu machen. Ich liebte die Klarinette und hörte insgeheim nur ihr zu. Mein Lieblingsinstrument und ich, wir waren hier eine Verschwörung. Zwei Burschen, hieß es, würden mich nach Hause bringen, aber nicht vor Mitternacht. Sie tanzten, so viel sie konnten, und ich freundete mich mit ihnen an. Die Freundschaft begann in der ersten Beobachtung. Die Kellnerin brachte mir immer wieder etwas zu essen und zu trinken, die Leute waren mit sich selbst beschäftigt, sie ließen mich, außer dass sie mich fütterten, in Ruhe. Ich hätte hier glücklich sein können in dieser Umgebung, ich liebte die Wirtsstuben und ihre ausgelassenen Gesellschaften. Aber ich war nicht so dumm, meine entsetzliche Zukunft zu ignorieren. Was, wenn ich hier weggehe, auf mich zukommt, ist furchtbarer als alles Furchtbare vorher. Mein Instinkt hatte mich nie im Stich gelassen. War ich auch ein armseliges Bündel Mensch, das, immer noch bis auf die Haut durchnässt, in dem ihm zugewiesenen Winkel kauerte, so hatte ich doch mein Schauspiel, meine lehrreiche Szene, mein Puppentheater. Kein Wunder, dass ich eingeschlafen war, als mich die beiden Burschen weckten, unsanft, in ihrer derben Art. Sie schulterten mich und trennten mich von Musik und Tanz. Eine eiskalte, sternklare Nacht. Der eine hatte mich vor sich auf sein Rad gesetzt, sodass ich mich an der Lenkstange anhalten konnte, der andere fuhr einhändig und hatte mein Rad neben sich. Sie radelten, so schnell sie konnten, nach Surberg, wo sie zu Hause waren. Kein Wort, nur das Keuchen der beiden Erschöpften. Vor ihrem Haus luden sie mich ab, ihre Mutter kam, nahm mich ins Haus mit hinein und zog mir meine Kleider aus und hängte sie neben einem noch heißen Ofen auf. Sie gab mir Milch zu trinken, in die sie Honig gerührt hatte. Sie versorgte mich mütterlich, aber sie gab mir, ohne Wörter, nur durch ihr Schweigen zu verstehen, dass sie mein Verhalten entschieden missbilligte, sie wusste auch ohne Erklärung meinerseits Bescheid. Es war nicht schwer gewesen, den Fall aufzuklären. Was werden deine Eltern sagen?, sagte sie. Ich selbst war mir sicher, was mit mir geschehen würde, war ich zu Hause. Die Burschen hatten mir ihr Versprechen gegeben, mich nach Hause zu bringen. Als ich getrocknet war und nicht mehr zitterte vor Kälte, schon gewöhnt an die Stubenwärme in dem fremden, aber gemütlichen Bauernhaus, schlüpfte ich aus dem Barchenthemd, das mir die Bäuerin übergezogen hatte, und wieder in meine Kleider. Die Burschen schulterten mich und brachten mich nach Traunstein. Sie setzten mich auf dem Taubenmarkt vor der Haustür ab und waren weg. Ich hatte keine Zeit gehabt, mich zu bedanken. Kaum stand ich auf dem Boden, waren sie auch schon verschwunden. Ich blickte an der finsteren Hauswand empor, in den zweiten Stock hinauf.

OTTO JÄGERSBERG

Als die Leute auf meiner Seite waren

Kleiner Fahrradunfall harmlos
Nur eine Acht im Vorderrad & Lenker schief
Ein silbern glitzerndes Auto schnitt mir den Weg ab
Ich hatte den Arm rausgeklappt
Wiene Eisenbahnschranke
Vom Vater gelernt
Vater warn großer Zeichengeber
Der Einzige weit & breit der auch fürs Gradausfahren
Handzeichen gab
Ich also den Arm raus beim Linksabbiegen
Von der Sophienstraße
Als dieses Großauto aufkreuzte
Der Fahrer bremste erst als mein Lenker
Auf seine Haube krachte
Sprang raus und sah sich die Kratzer an
Ich lag derweil auf der Straße
Glücklich über meine Knochen alle heil
Aber Lenker schief und Vorderrad ne Acht
Dann die Schuldfrage
Unangenehme Diskussion
Auch weil Augenzeugen dazukamen partout
Ein Unschuldslamm aus mir machen wollten
Vorbildliche Handzeichen meinerseits

Sei überdies ortsbekannt als korrekter Radfahrer
Ich staunte nicht schlecht
Diese netten Leute
Wollten dem Silbermetallicmann ans Leder
Es war kurz vorm Polizeiholen
Ich brauch ne neue Felge sagte ich
Ein neues Rad braucht der Radfahrer sagten die Leute
Geben Sie mir 30 Euro kauf ich mir ne neue Felge
Sagte ich zum Silbermetallicmann
Silbermetallicmann kniete sich auf die Felge
Wollte die Acht rauskriegen
Haut nicht hin sagte ich
Das ist ne Stahlfelge
Holländische Vorkriegsware
Aus Stahl krieg ich die eh nicht mehr ein Jammer
Geben Sie mir 30 Euro kauf ich eine aus Aluminium
Hab keine 30 Euro sagte der Mann heulend vor Wut
Dann geben Sie mir 20 sagte ich
Hab keine 20 sagte er
Die Zuschauer murrten
Bevor sie noch den Hut rumgehn ließen
Schulterte ich das Rad und zog ab
Silbermetallicmann zog ein Taschentuch
Und polierte die Haube
Dass die Leute auf meiner Seite waren

SIMONE DE BEAUVOIR
Ich hatte den Tod berührt

Es war nicht weiter schwierig, ohne Gepäck, die Hände in der Tasche, die Demarkationslinie zu passieren. Sartre meinte, wir sollten unseren Urlaub in der freien Zone verbringen. Er könnte dann seine Entlassung in die Wege leiten. Vor allem aber wollte er einen Kontakt zwischen ›Socialisme et Liberté‹ und bestimmten Leuten in der anderen Zone herstellen. Lise schenkte ihm ein unredlich erworbenes Fahrrad, und er brachte es nicht übers Herz, es abzulehnen, denn dem Eigentümer wollte sie es auf keinen Fall zurückgeben.

Bost lieh uns ein Zelt und die nötige Ausrüstung. Der Paketverkehr zwischen den Zonen war erlaubt. Wir schickten Räder und Gepäck an einen Priester in Roanne, der acht Tage nach Sartres Entlassung zu Fuß geflohen war. Wir nahmen Fahrkarten nach Montceau-les-Mines. Man hatte uns die Adresse eines Cafés gegeben, wo wir einen »Grenzlotsen« finden sollten.

Der Lotse sei vor einigen Tagen verhaftet worden, sagte uns der Wirt; aber sicher könnten wir uns mit jemand anders einigen. Wir blieben den ganzen Nachmittag im Café, sahen zu, wie die Leute kamen und gingen, und hatten dabei das angenehme Gefühl, ein Abenteuer zu erleben. Gegen Abend setzte sich eine schwarz gekleidete, ungefähr vierzigjährige Frau an unseren Tisch. Für eine angemessene Entschädigung wollte sie uns heute Nacht über die Felder führen. Wir riskierten nicht viel, aber für sie stand mehr auf dem Spiel; daher sah sie sich vor. Wir folgten ihr schweigend über Wiesen, durch Wälder, die nach der Frische der Nacht dufteten. Sie zerriss sich die Strümpfe an den Stacheldrahtsperren und brummelte dauernd vor sich hin. Von Zeit zu Zeit winkte sie uns, stehen zu bleiben und uns nicht zu rühren. Plötzlich sagte sie uns, wir hätten die Grenzlinie überschritten, und wir liefen den Abhang hinab auf ein Dorf zu. Das Wirtshaus war voller »Grenzgänger«. Wir schliefen auf Matratzen in einem Zimmer, in dem bereits sechs Personen lagen; ein Baby brüllte. Aber was für eine Freude am nächsten Morgen, als wir bis zur Ankunft des Zuges nach Roanne auf der Straße herumschlenderten. Weil ich ein Verbot übertreten hatte, glaubte ich, die Freiheit wiedererobert zu haben.

In Roanne lasen wir in einem Café die Zeitungen der anderen Zone. Sie waren kaum besser als die unsrigen. Wir holten unser Gepäck beim Abbé P. ab. Er war nicht zu Hause. Ich brauchte lange, bis ich alles auf den Rädern verstaut hatte. Die Räder machten mir große Sorge. Es war fast unmöglich, neue Reifen zu beschaffen. Unsere waren zusammengeflickt und hatten bizarre Schwellungen; die Schläuche waren kaum besser. Als wir eben aus der Stadt heraus waren, hatte Sartres Vorderrad einen Plattfuß. Ich verstehe nicht, wie ich mich auf ein derartiges Abenteuer einlassen konnte, ohne zu wissen, wie man ein Rad flickt; aber es war nicht zu leugnen, ich konnte es nicht. Zum Glück fand sich ein Mechaniker, der mir die Kunst beibrachte, einen Reifen abzunehmen und Flicken aufzusetzen. Wir fuhren wieder los. Seit Jahren hatte Sartre keine so lange Radtour mehr gemacht, und nach vierzig Kilometern ging es ihm sehr übel. Wir übernachteten in einem Hotel. Am nächsten Morgen fuhr er ganz wacker dahin, und wir schlugen das Zelt auf einer großen Wiese vor den Toren Mâcons auf. Auch das ging mühsam, denn wir waren beide nicht besonders geschickt. Nach einigen Tagen jedoch bauten wir das Zelt im Handumdrehen auf und ab. Meist kampierten wir in der Nähe eines Dorfes oder einer Stadt, denn Sartre war am Ende dieser ländlichen Tage ganz begierig, sich wieder am Dunst der Kneipen zu laben. In Bourg meldete er sich zur Entlassung. Der Offizier stutzte, als er sein frisiertes Soldbuch sah: »Sie hätten Ihr Soldbuch nicht fälschen dürfen.« – »Sondern? Hätte ich in Deutschland bleiben sollen?«, fragte Sartre. – »Ein Soldbuch, damit scherzt man nicht«, sagte der Offizier. – »Sollte ich Kriegsgefangener bleiben?«, wiederholte Sartre. Der Offizier zuckte die Achseln; er wagte nicht auszusprechen, was er dachte; aber seine Miene sagte deutlich: »Warum nicht?« Immerhin stellte er Sartre die Entlassungspapiere aus.

Wir spazierten auf den roten Hügeln Lyons umher. In den Kinos liefen amerikanische Filme. Wir stürzten uns darauf. Wir fuhren durch Saint-Étienne, wo Sartre mir das ehemalige Haus seiner Eltern zeigte, und dann hinab nach Le Puy. Sartre machte viel lieber Radtouren als Fußwanderungen, deren Monotonie ihn langweilte. Beim Radfahren wechseln das Tempo und die Beanspruchung der Muskeln. Es machte ihm Spaß, bergauf zu sprinten. Ich pustete, weit abgeschlagen, hinterher. Auf ebenen Strecken radelte er so sorglos dahin, dass er ein paarmal im Straßengraben landete. »Ich dachte an etwas anderes«, sagte er dann. Wie ich liebte ich die Fröhlichkeit der Abfahrten. Auch veränderte die Landschaft sich viel schneller als beim Wandern. Gerne tauschte ich dies neue Vergnügen gegen meine frühere Leidenschaft ein.

Aber für mich lag der große Unterschied zu den früheren Reisen vor allem in dem Wandel, den ich selbst durchgemacht hatte. Ich jagte nicht mehr besessen hinter einem schizophrenen Traumbild her, ich fühlte mich herrlich frei. Es war wunderbar, neben Sartre friedlich auf diesen Cevennenstraßen dahinzuradeln. Ich habe solche Angst gehabt, alles zu verlieren – seine Gegenwart und alles, was mich glücklich machte! In gewissem Sinn hatte ich auch alles verloren; und dann war mir alles wiedergegeben worden. Jetzt sah ich in jeder meiner Freuden nicht mehr eine Selbstverständlichkeit, sondern ein Geschenk. Lebhafter als in Paris empfand ich diese sorglose Distanziertheit, von der ich bereits gesprochen habe. Ein kleiner Zwischenfall brachte mir den Beweis. Bei unserer Ankunft in Le Puy ging Sartres Vorderreifen endgültig die Luft aus. Wenn wir keinen Ersatz fanden, mussten wir auf die kaum begonnene Fahrt verzichten. Sartre machte sich auf die Suche quer durch die Stadt, und ich hütete unser Gepäck auf der Terrasse eines Cafés. Früher hätte mich der Gedanke, die Reise könnte jäh gegen meinen Willen enden, mit Wut erfüllt. Jetzt wartete ich lächelnd. Dennoch sprang mein Herz vor Freude, als ich Sartre auf einem Rad herankommen sah, dessen glänzend orangefarbener Vorderreifen fast neu schien. Er wusste selbst nicht, was den Fahrradmechaniker bewogen hatte, ihm den Mantel abzutreten. Wir waren für einige hundert Kilometer gerüstet.

Sartre hatte von Cavaillès die Adresse eines ehemaligen Studienkollegen von der École Normale erhalten, eines Résistance-Kämpfers namens Kahn. Auf engen, gewundenen Wegen kamen wir zu einem Dorf, das inmitten von Kastanienwäldern lag. Kahn verbrachte dort seine Ferien mit einer ruhigen, einnehmenden Frau und fröhlichen Kindern. Sie beherbergten ein braunbezopftes, blauäugiges Mädchen, die Tochter von Cavaillès. In einer großen Küche mit roten Fliesen nahmen wir eine schmackhafte Mahlzeit ein, dazu große Teller voll Heidelbeeren als Nachtisch. Auf dem Moos im Wald führten Sartre und Kahn eine lange Unterhaltung. Ich hörte ihnen zu, aber bei diesem Sonnenlicht, in der Nähe dieses glücklichen Hauses fiel es schwer, an die Realität der Aktion und ihrer Gefahren zu glauben. Das Lachen der Kinder, der Duft der wilden Beeren, die freundschaftliche Atmosphäre dieses Tages ließen alle Drohungen unwirklich erscheinen. Nein, trotz der Lehre aus den beiden letzten Jahren konnte ich mir nicht vorstellen, dass Kahn bald für immer von den Seinen gehen müsse, dass man den Vater des braunhaarigen Mädchens eines Morgens an die Wand stellen und erschießen würde.

Einen ganzen Tag lang, vom Oberlauf der Ardèche bis zum Rhônetal, berauschte mich die Metamorphose der Landschaft. Das Blau des Himmels wurde lichter, der Boden trockener, der Geruch des Farns ertrank im Duft des Lavendels, die Erde nahm glühende Farben an: Ocker, Rot, Violett. Die ersten Zypressen tauchten auf, die ersten Ölbäume. Mein Leben lang empfand ich die gleiche, tiefe

Erregung, wenn ich aus dem gebirgigen Herzen eines Landes zum Mittelmeerbecken kam. Auch Sartre war für die Schönheit dieser Abfahrt empfänglich. Nur unser Aufenthalt in Largentière warf einen Schatten auf diesen Tag. Ich kannte und liebte die kleine Stadt an der Grenze zwischen Mittel- und Südfrankreich. Aber die ›Légion‹ feierte ein Fest. Ein lärmender Haufen junger und alter Männer mit kokarden- und bändergeschmückten Baskenmützen auf dem Schädel trank und randalierte auf den blau-weiß-roten Straßen. Durst und Müdigkeit zwangen uns zur Rast; eine absurde Neugier ließ uns einen Augenblick verweilen.

Wir kampierten vor Montélimar. Wenn Sartre sich morgens aufs Rad schwang, dann schlief er mit offenen Augen immer noch so fest, dass er regelrecht über die Lenkstange schoss. Auf den Straßen des Tricastin verlieh der Wind uns Flügel. Man fuhr bergauf, fast ohne zu treten. Auf Nebenwegen fuhren wir nach Arles hinunter, dann nach Marseille.

In Marseille fanden wir billige, aber sehr hübsche Zimmer, die auf den Vieux Port hinausgingen. Bewegt machten wir wieder die einstigen Spaziergänge, aus der Zeit, da die Welt in Frieden gelebt hatte, aus der Zeit, da der Krieg drohte. Die Kinos auf der Cannebière spielten amerikanische Filme, und manche öffneten schon um zehn Uhr früh. Es kam vor, dass wir an einem Tag drei Vorstellungen besuchten. In *Victoire sur la mort* sahen wir Edward Robinson, James Cagney und Bette Davis. Es war wie eine Begegnung mit alten, sehr lieben Freunden. Wir sahen uns wahllos alles an, ganz der Freude hingegeben, Bilder aus Amerika zu betrachten. Die Vergangenheit ergriff wieder von uns Besitz.

Sartre traf in Marseille Daniel Mayer und sprach mit ihm über ›Socialisme et Liberté‹. Könnte er unserer Gruppe einige Richtlinien geben, Aufgaben vorschlagen? Daniel Mayer sagte, wir sollten Léon Blum einen Gratulationsbrief zu seinem Geburtstag schreiben. Sartre verließ ihn enttäuscht.

Das Essen war im Süden viel schlechter als in Paris oder in Mittelfrankreich. Die Grundlage jeder Mahlzeit waren Tomaten, und Sartre, der sie verabscheute, hatte Versorgungsschwierigkeiten. Bei unserer Ankunft in Porquerolles waren alle Restaurants geschlossen. Wir verzehrten ein Mittagessen aus Trauben, Brot und Wein. Ich machte einen Spaziergang auf der »Route du Grand-Langoustier«, Sartre blieb im Café, um zu arbeiten. Er hatte ein Atriden-Drama in Angriff genommen. Beinah jedes neue Werk formte sich bei ihm zunächst in mythischer Gestalt, und ich dachte, er werde Elektra, Orest und ihre Sippe wohl bald aus seinem Stück hinauswerfen.

Sartre hatte auch André Gide auf seine Liste gesetzt und neben seinen Namen eine unleserliche Adresse gekritzelt: Caloris? Valoris? Wahrscheinlich Vallauris. Wir fuhren hin, an der Mittelmeerküste entlang – eine herrliche Fahrt. Wir gingen zum Rathaus und fragten nach der Adresse André Gides. »Monsieur Gide, der Fotograf?«, erkundigte sich der Beamte. Einen anderen kannte er nicht. Ich studierte wieder die unleserliche Adresse, ich suchte auf der Karte nach einem ähnlich lautenden Ort, und mir ging ein Licht auf: Cabris. Wir keuchten unter sengender Glut die schmale, steile Straße hinauf, und von oben sahen wir, wie die Olivenhaine terrassenförmig zum Blau des Meeres abfielen, mit der gleichen, ein wenig feierlichen Anmut wie zwischen Delphi und Itea. Wir aßen unter den Weinranken einer Schenke. Dann ging Sartre zum Hause Gides und läutete. Die Tür öffnete sich, und mit einem Schock des Erstaunens sah er Gides Gesicht, das jedoch auf dem Körper eines Mädchens saß. Es war Catharine Gide, und sie erklärte Sartre, dass ihr Vater von Cabris nach Grasse übersiedelt sei. Wir fuhren dorthin zurück, und bei unserer Ankunft ging einem meiner Reifen die Luft aus. In der Nähe eines Brunnens machte ich mich an die Reparatur. Gerade als Sartre zu Gides Hotel fahren wollte, sah er ihn vor sich gehen, und als er sich auf gleicher Höhe mit ihm befand, bremste er heftig mit dem Fuß auf dem Randstein; es hörte sich an wie zerreißender Stoff. »Na, na«, sagte Gide und machte eine beschwichtigende Handbewegung. Sie gingen in ein Cafe. Sartre erzählte mir, Gide habe misstrauisch die anderen Gäste beobachtet und dreimal den Platz gewechselt. Er sehe nicht recht, was man unternehmen könne. »Ich werde mit Herbard sprechen«, hatte er mit einer vagen Geste gesagt. »Herbard, vielleicht ...« Sartre teilte ihm mit, dass er für den nächsten Tag eine Verabredung mit Malraux habe. »Nun«, sagte Gide beim Abschied, »ich wünsche Ihnen einen *guten* Malraux.«

Malraux empfing Sartre in einer schönen Villa in Saint-Jean-Cap-Ferrat, wo er mit Josette Clotis lebte. Zu Mittag gab es ein auf amerikanische Art gegrilltes Hühnchen mit reichen Beilagen. Malraux hörte Sartre höflich an, meinte aber, dass man im Augenblick keine wirkungsvolle Aktion starten könne; die russischen Tanks, die amerikanischen Flugzeuge müssten den Krieg gewinnen.

Von Nizza aus fuhren wir die Alpenstraße über den Col d'Allos zurück. An einem schönen sonnigen Morgen machten wir uns auf den Weg nach Grenoble zu Colette Audry. Wir aßen auf einem Pass, und ich trank Weißwein, nicht viel, aber bei dieser Hitze stieg er mir trotzdem zu Kopf. Wir brausten das Gefälle hinab; Sartre war mir ungefähr zwanzig Meter voraus. Plötzlich kamen mir zwei Radfahrer entgegen, die sich gleich mir in der Mitte der Fahrbahn hielten, vielleicht sogar ein wenig links. Um an ihnen vorbeizukommen, scherte ich nach der freien Seite aus, während sie beflissen rechts heranfuhren. Wir kamen direkt aufeinander zu. Meine Bremsen sprachen kaum an, halten konnte ich nicht. Ich wich noch weiter nach links aus und kam auf dem Kies des Straßenrandes ins Schleudern, einige Zentimeter vom Abgrund. Wie ein Blitz zuckte es mir durch den Kopf: »Natürlich! Man weicht rechts aus!«, und dann: »Das ist also der Tod!« Und ich starb. Als ich die Augen wieder öffnete, stand ich aufrecht. Sartre hatte mich an einem Arm untergefasst; ich erkannte ihn, aber in meinem Kopf war Nacht. Wir gingen zurück bis zu einem Haus, wo man mir ein Glas Schnaps gab. Jemand wusch mir das Gesicht, während Sartre ins Dorf radelte, um einen Arzt zu holen. Der wollte jedoch nicht kommen. Als Sartre zurückkam, war ich wieder einigermaßen bei mir. Ich erinnerte mich, wir waren auf Reisen, wir wollten Colette Audry besuchen. Sartre schlug vor, wieder auf die Räder zu steigen. Wir hätten nur noch fünfzehn Kilometer zu fahren, und es gehe bergab. Aber ich hatte den Eindruck, dass alle Zellen meines Körpers gegeneinanderstießen, ich konnte nicht einmal daran denken, wieder auf den Sattel zu steigen. Wir fuhren mit einer kleinen Zahnradbahn. Die Leute um mich glotzten mich erschreckt an. Als ich an Colette Audrys Tür läutete, stieß sie einen kleinen Schrei aus, ohne mich zu erkennen. Ich schaute in einen Spiegel. Ich hatte einen Zahn verloren, ein Auge war geschlossen, mein Gesicht auf das Doppelte angeschwollen und die Haut abgeschürft. Es war mir unmöglich, eine Traube zwischen die geschwollenen Lippen zu schieben. Ich legte mich ohne Abendessen schlafen und hatte kaum noch Hoffnung, dass mein Gesicht je wieder normal würde.

Am Morgen sah ich genauso scheußlich aus wie am vergangenen Abend. Ich hatte den Mut, mich wieder aufs Rad zu setzen. Es war Sonntag, und die Straße nach Chambery wimmelte von Radfahrern. Die meisten pfiffen, wenn sie an mir vorbeifuhren, oder sie lachten schallend. An den folgenden Tagen richteten sich immer alle Blicke auf mich, wenn ich einen Laden betrat. Eine Frau fragte mich angstvoll: »Ein … ein Unfall?« Noch lange danach bedauerte ich, ihr nicht geantwortet zu haben: Nein, ich bin so zur Welt gekommen. Eines Nachmittags war ich Sartre vorausgefahren, und wartete an einer Straßenkreuzung auf ihn. Ein Mann, der auch dort stand, schüttete sich schier aus vor Lachen und rief mir zu: »Und du wartest noch auf ihn, so wie der dich zugerichtet hat!«

Auf den Straßen des Jura kündigte sich der Herbst an. Als wir am Morgen das Hotel verließen, hüllte ein weißer Dunst das Land ein, aus dem bereits ein Geruch nach welkem Laub aufstieg. Allmählich zerriss die Sonne den Dunst, er zerfaserte, die Wärme durchdrang uns, ich fühlte das Glück der Kindertage auf meiner Haut. Eines Abends machte sich Sartre an einem Wirtshaustisch wieder an sein Stück. Nein, er verzichtete nicht auf die Atriden; er hatte herausgefunden, wie er ihre Geschichte verwenden konnte, um die moralische Ordnung anzugreifen, um Nein zu sagen zu den Schuldgefühlen, die Vichy und Deutschland uns oktroyieren wollten, um von der Freiheit zu sprechen. Bei der Niederschrift des ersten Aktes ließ er sich von der Stadt auf Santorin inspirieren, die damals einen so schauerlichen ersten Eindruck auf uns gemacht hatte: Emborio, seine blinden Mauern, die sengende Sonne.

Colette hatte uns ein Dorf in der Nähe von Châlons genannt, wo man leicht »hinüber« kam. Ich weiß nicht mehr, wie viele wir am Morgen waren, die offensichtlich in der gleichen Absicht die Hauptstraße auf und ab gingen. Am Nachmittag fanden wir uns zu zwanzig, alle auf Fahrrädern, um einen Grenzlotsen versammelt. Ich erkannte ein Paar, das ich oft im »Flore« gesehen hatte: ein schöner, blonder junger Mann mit flaumigem goldenem Bart und ein hübsches, ebenfalls blondes Mädchen, eine Tschechin. Auf schmalen Pfaden quer durch den Wald gelangten wir zu einer stacheldrahtgesäumten Straße. Wir krochen unter dem Draht durch und zerstreuten uns so schnell wie möglich. Ich nehme an, dass die deutschen Wachtposten mit den Lotsen unter einer Decke steckten, denn unser Führer hatte keinerlei Vorsichtsmaßnahmen getroffen.

Ich fand Burgund sehr schön mit seinen herbstlich bunt gefärbten Weinbergen. Wir hatten keinen Sou mehr in der Tasche. Der Hunger zwackte uns bis Auxerre, wo eine Geldanweisung auf uns wartete. Kaum hatten wir sie eingelöst, stürzten wir in ein Restaurant. Wir mussten froh sein, einen Teller Spinat zu bekommen. Wir fuhren mit der Bahn nach Paris zurück.

Ich hatte glückliche Wochen verlebt. Und ich hatte eine Erfahrung gemacht, die noch Jahre in mir nachwirken sollte: ich hatte den Tod berührt. Angesichts des Schreckens, den er mir stets eingeflößt hatte, bedeutete es sehr viel für mich, ihn aus solcher Nähe gesehen zu haben. Ich sagte mir: Ich hätte nicht mehr aufwachen können, und plötzlich erschien das Sterben unfasslich leicht. Ich habe dabei an mir erfahren, was ich früher bei Lukrez gelesen hatte, was ich bereits wusste: Der Tod ist genau genommen nichts. Ist man tot, kann man den Tod nicht erleiden. Ich glaubte mich endgültig von meinen Ängsten befreit. (1960)

MAX GOLDT
Berliner Befremdlichkeiten

Es folgt nun ein Berlin-Text aus der Nachwendezeit, ge-
schrieben im August 1991, den ich nie auf meinen Lese-
Abenden zum Einsatz brachte, obwohl mir bekannt war,
dass es sich um ein Lieblingsstück einiger Leser handelte.
Allerdings erhielt ich wegen dieses Textes auch meinen
ersten Drohbrief, anonym zwar, aber immerhin aus Berlin-
Kreuzberg, wie man am Poststempel erkennen konnte. Es
gibt sicher Leute, die sich ihren ersten Drohbrief gerahmt
an die Wand hängen wie Dagobert Duck seinen ersten
Kreuzer, aber ich habe den meinigen nicht aufgehoben und
kann nicht daraus zitieren, zumal ja im digitalen Zeitalter
fast jeder fast täglich Drohbriefe erhält und daher mit dem
Sound solcher Zusendungen vertraut ist. Viel lieber lese
ich meinen alten Text vor, und zwar ungekürzt, sogar ein
wenig verlängert. Insbesondere jene ausgelassenen und
unverblümten Stellen, die das Berliner Heimatempfinden
stören könnten, habe ich ganz unverändert gelassen, damit
es nicht heißt, ich würde mit dreißig Jahren Verspätung vor
Schmähbriefen einknicken.

Meist bin ich durchaus auf den Mund gefallen, habe Maul-
sperre, wo andere prompt losgewittern. Was die wenigen
Ausnahmefälle angeht, in denen ich in Sachen Revolver-

fresse berlinischem Standard genügte, war mein Gedächtnis bislang ein perfekter Tresor. Erstmals will ich nun dem Publikum Einblick in meine nicht eben prall gefüllte Schlagfertigkeitsschatzkammer gewähren.

Ich stand im Postamt am Schalter. Ich hob Geld vom Girokonto ab, wovon ich wiederum einen Teil aufs Sparbuch einzahlte, kaufte allerlei Briefmarken, hatte diverse Briefsendungen zu wiegen, kurz: Ein rechtes Maßnahmenpaket war abzuwickeln, und es zog sich hin. Das Hinziehen missfiel einem Hintanstehenden. Er hatte schon die ganze Zeit gegrummelt und meinte nun, ich solle mal *hinnemachen.* »Nu mach ma hinne, Kollege!« Da drehte ich mich um und sagte: »Wenn Sie nicht bald Ruhe geben, dann eröffne ich noch ein Sparbuch mit wachsendem Zins und beantrage einen Telefonanschluss!« So hat mich die Muse auf der Post geküsst.

Die zweite Geschichte ist beinahe noch beeindruckender, dabei ist sie zehn Jahre her. Ich radelte nah dem Johanniskirchhof auf dem, ich gebe es zu, Bürgersteig, aber der war ganz leer, als sich plötzlich die Gestalten zweier Greise aus dem städtischen Dunst schälten, welche schrien, mit den Stöcken auf die Fahrbahn deutend: »*Da* ist die Straße!« Darauf deutete ich mit dem Arm auf den bereits erwähnten Gottesacker und rief: »… und *da* ist der Friedhof!« Man kann die Pointe dieser Geschichte besser verstehen, wenn man sich einmal ganz deutlich das biblische Alter der Passanten vor Augen führt, welches ich in der vorangegangenen Schilderung mit dem Wort »Greise« vielleicht in nicht ausreichend kräftigen Farben illustrierte. Möglicherweise sollte ich die ganze Angelegenheit überhaupt noch einmal von vorn und etwas einleuchtender erzählen. Also, wie gesagt, vor zehn Jahren gab ich mich mal dem Drahteselvergnügen hin. Galant wie Croque Monsieur segelte ich meines Weges. Kein Mensch war da, aber die Situation ging im neunten Monat schwanger mit Unheil in Form von sich unerwartet aus dem Nichts herauspellenden, spazierstockgepanzerten Methusalemen, die sich mir nichts dir nichts als Experten in puncto Unterschied zwischen Straße und Gehsteig aufspielen wollten. Und kaum dass ich hätte Zeit finden können, noch einmal mit der Wimper zu zucken, öffnete das Schicksal seine beträchtliche Vagina und gebar mir zwei Hochbetagte direkt vors Fahrrad. Was die beiden dann sagten und was Frechdachs entgegnete, habe ich bereits vorhin in befriedigender Qualität dargelegt. Ein Dance-Remix davon wäre aus dem Fenster geschmissenes Geld.

Es gab also Zeiten, da konnte man mich fröhlich pfeifend Berlin durchradeln sehen. Mal eierte ich vergnügt zwischen den Autos herum, mal wich ich auf den Gehsteig aus, und wenn dort zu viel Volk war, schob ich eben mein Gefährt. Ärger gab's kaum. Alle halbe Stunde vielleicht sah man einen anderen Radfahrer auf einer anderen Hollandmühle, und die beiden Verkehrsnostalgiker nickten einander zu wie Pilzsammler in der Waldesfrühe. Eine unglückliche Wende setzte ein, als die Straßenarbeiter der Stadt angewiesen wurden, einen Teil des Bürgersteiges mit roten Steinchen neu zu bepflastern, auf denen sich nun Brigaden grässlicher Vorstadtadrenalinisten mit Sturzhelmen und manchmal fast operettenartigen Uniformen die sinnlosesten Wettkämpfe liefern. Ich bin unwillens, mich an diesen

Geschwindigkeitsbesäufnissen zu beteiligen. Ich empfinde keine Wärme für Leute, die schweißdurchsogen an Ampeln stehen – wenn sie denn überhaupt halten – und keuchend erklären, sie hätten es in zehn Minuten von Tempelhof bis zur Siegessäule geschafft. Mein Radl hab ich fortgeschenkt, ich benutze den ÖPNV. Damit brauche ich zwar eine halbe Stunde bis nach Tempelhof, aber ich kann derweil in der *Neuen Zürcher Zeitung* die interessantesten Meldungen lesen, z. B. »Kinder stellten Schaukelpferd auf heiße Herdplatten«: Also, das war wahrscheinlich so: Da waren so Kinder, und die hatten so'n Schaukelpferd, und dann haben sie das Schaukelpferd auf so heiße Herdplatten gestellt. Wahrscheinlich ist hinterher die Wohnung abgebrannt, denn sonst hätte es ja wohl kaum in der Zeitung gestanden, dass die Kinder das Schaukelpferd auf die Herdplatten gestellt haben, aber ich weiß es nicht mehr, denn ein brennendes Haus ist verglichen mit einem Schaukelpferd auf einem Herd eine recht wenig erinnerungswürdige Sache. Schön wäre eine Zeitung, die etwas so Interessantes wie Schaukelpferde auf glühenden Herden vermelden würde, auch ohne dass Bauten und Menschen Schaden nehmen, aber auch die könnten die Rennradbestien auf ihrer Hatz von A nach B nicht lesen, und so erfahren die gar nichts, noch nicht mal, wie doof sie sind.

Manche sind nicht nur doof. Eine Geschichte von vorgestern: Vor dem Café Huthmacher am Zoo lauerte ein tätowierter Langhaariger mit Ohrring auf einem Mountainbike im US-Army-Design. Auf dem Gehsteig kam ein spastisch gelähmter junger Mann angerollt. Der Proletengammler fuhr nun mit Affenzahn direkt auf den Rollstuhl zu, bremste eine Handbreit davor. Dem Gelähmten entfuhr ein Schrei des Entsetzens, und das Miststück brüllte: »Super, Spasti, kannst ja super schreien, du Spasti!« Dann kam noch ein zweiter Mountainbike-Mann von irgendwoher, und die beiden rasten johlend ins Touristengedränge mit der erkennbaren Absicht, wahllos zu verletzen. Immerhin stürzte ein Passant. Ich bin in solchen Fällen unbeirrbarer Denunziant, aber als ich die Herren Beamten fünfzig Meter vom Ort der Gewalt entfernt in ihren Einsatzwagen dösen sah, verließen mich Mut und Bürgersinn. Wenn Berliner schlafen, richten sie wenigstens keinen Schaden an. Die selbstherrlichen Gewalttäter sah ich wenig später vor der Wechselstube am Bahnhof Zoo eine Sektflasche öffnen. Sekt hat sich ja im vergangenen Jahrzehnt zum Gammlergetränk Nr. 1 gemausert. So sind sie halt, die Proleten, sie können nur anderen alles wegnehmen: Der Boheme haben sie das Sekttrinken weggenommen, den Linken die langen Haare und das Graffitischmieren, den Schwulen haben sie die Ohrringe abgeguckt und den Ökos das Radfahren. Eigenes bringt diese Kaste nicht mehr hervor. Wie sollte sie auch, ist sie doch das Produkt ewiger Insel-Inzucht. Hand aufs Herz: Wer will schon mit einem Berliner ins Bett? Berliner verkehren nur mit ihresgleichen, wen anders kriegen sie nicht in ihre muffigen Betten gezerrt, und jede Generation gerät gröber und übler gestimmt als die vorangegangene.

Man kann sagen, dass mich im vorigen Absatz ein demagogischer Derwisch geritten hat. Gram und Sinnestrübung führten meinen Filzstift in die Schmierseife satirischer Zuspitzung. Soll nicht wieder vorkommen. Sicher, sicher: Es gibt auch nette Berliner. Im Osten z. B., wo sie ja allesamt nichts dafür können, sich somit in Unschuld suhlen wie die Sauen im Sausuhlensee auf dem Friedhof Heerstraße, auf dem neben anderen der bedeutende gesellschaftskritische Maler George Grosz sich an die ewige Ruhe geschmiegt hat, nachdem er am Savignyplatz, nach einem Besuch in der noch heute existierenden Künstlergaststätte Franz Diener, eine Kellertreppe tödlich hinuntergepurzelt ist. Savigny-platz 5, im Westen, als da noch was los war. Die West-Ber-liner sind ja helle. Ich habe mal eine Hiesige kennengelernt, die Abitur hatte und sogar Geige spielen konnte. Die hat natürlich auch nicht berlinert. Im Gegensatz zu beispiels-weise Bayern, wo sogar Ärzte und Fernsehansager Mund-art reden, tun dies in West-Berlin überwiegend die niederen Stände. Hier hat sich der Dialekt, anders als im Ostteil, in einen Jargon oder Argot verwandelt. Mit den Benutzern dieses Jargons halten es die Zugereisten, und das sind glück-licherweise 60 Prozent der Einwohner, derart, dass man sie sich vom Leibe hält. Man lebt hier in einer Art freiwilliger Apartheid, ich kenne Leute, die seit zehn Jahren in Berlin wohnen und mit keinem einzigen Eingeborenen je privaten Kontakt pflegten. Die sagen: »Was sollte man mit denen reden? Wenn Begegnungen nicht zu vermeiden sind, im Hausflur oder auf der Straße etwa, wird man ihr geistloses Geplapper mit geduldigem Lächeln ertragen, so wie man es aushält, wenn ein Schimpanse langweilige Kunststücke vorführt. Wegignorieren sollte man sie nicht, das würde im Ausland zu Missverständnissen führen. Sie sind auch nicht völlig wertlos, sie sind durchaus geeignet, einem bei Bolle Wurst abzuschneiden oder den Omnibus zu steuern.«

So reden manche Extremisten! Ich bedauere das. Gern hätte ich ein behagliches Miteinander mit den Alteingesessenen und Alteingetretenen, ich meine alteingetreten jetzt im Sinne von Rosinen, die auf dem Linoliumfußboden eingetreten wurden und nicht mehr zu entfernen sind. Doch wie kommt man auf ihre Planeten? Ich plauderte neulich mit einem Mann, der sich mir als Suchtberater in einem Möbelmarkt vorstellte. Ob denn die Berliner Möbelverkäufer alle so saufen, fragte ich staunend. Das sei nicht das Problem, versetzte der Suchtberater, die Leute seien vielmehr möbelsüchtig. Sie seien den ganzen Tag von Möbeln umgeben und der festen Überzeugung, dass es bei ihnen zu Hause genauso aussehen müsse wie an ihrem Arbeitsplatz, und gerade weil sie als Angestellte Prozente bekämen, seien sie der Auffassung, dass sie sich diese Chance nicht entgehen lassen dürften und orderten ständig Möbel. Möbelverkäufer seien daher hoch verschuldet, demzufolge depressiv und versoffen. Aufgabe des Suchtberaters ist hier, den Möbelverkäufern zu vermitteln, dass es nicht notwendig ist, Möbel zu kaufen.

Meine neue Nachbarin ist ca. 20, und wenn sie ihre Katze im Treppenhaus herumlaufen lässt, hält sie ihre Wohnungstür einen Spalt offen. Manchmal luge ich hinein: Ich habe in ihrer Einzimmerwohnung bisher ein viersitziges Sofa, ein zweisitziges Sofa, zwei schwere Sessel, drei Tiffany-Lampen und einen gläsernen Couchtisch entdecken können. Wie gesagt: zwanzigjährige Prolette in Einraumwohnung. Ein sündhaft teures Fahrrad hat sie auch. Ihren Schuldenberg möchte ich nicht besteigen müssen. Ich verstehe Menschen nicht, die Schulden haben; man braucht doch bloß ein Postgirokonto und das Talent, immer etwas weniger Geld auszugeben, als man verdient. Den Rest tut man aufs Postsparbuch. So einfach ist das. Die Schulden-Proleten indes sieht man am Sonnabendvormittag in langen Reihen in den Einkaufsstraßen stehen, wo sie Geld aus der Hauswand ziehen. Am Nachmittag hetzen sie dann ihre Kampfhunde auf Rollstuhlfahrer. Am Abend gibt's Sekt.

Nachweis

Der Verlag dankt folgenden Rechteinhaber:innen für die Genehmigung zum Abdruck:

Ein Erfinder gibt Auskunft (Titel von der Herausgeberin). Aus: Hans-Erhard Lessing, *Automobilität – Karl Drais und die unglaublichen Anfänge*. Erschienen 2003, Maxime Verlag, Leipzig.

Wiglaf Droste (1961, Herford–2019, Pottenstein)
Porträt des Fahrradfahrers als Bessermensch. Aus: ders., *Die Würde des Menschen ist ein Konjunktiv*. Copyright © 2013, Edition Tiamat, Verlag Klaus Bittermann, Berlin.

Lion Feuchtwanger (1884, München–1958, Los Angeles)
Hoppla (Titel von der Herausgeberin). Auszug aus: ders., *Erfolg*. Copyright © Aufbau Verlage GmbH & Co. KG, Berlin 1993, 2008.

Kirsten Fuchs (* 1977, Karl-Marx-Stadt)
Es ist weg. Auszug aus: dies., *Eine Frau spürt so was nicht*. Copyright © 2015, Voland & Quist, Berlin, Dresden.

Gertrud Fussenegger (1912, Pilsen–2009, Linz)
Versöhnung. Auszug aus: dies., *So gut ich es konnte*. Copyright © LangenMüller Herbig in der F.A. Herbig Verlagsbuchhandlung GmbH, München.

Max Goldt (* 1958, Göttingen)
Berliner Befremdlichkeiten. Auszug aus: ders., *Für Nächte am offenen Fenster*. Copyright © 2003, Rowohlt Verlag GmbH, Hamburg.

Lena Gorelik (* 1981, St. Petersburg)
Vier Frauen auf dem Fahrrad. Originalbeitrag für diese Anthologie. Abdruck mit freundlicher Genehmigung der Autorin. Copyright © 2023, Lena Gorelik.

Thomas Gsella (* 1958, Essen)
An eine Dahinfahrende. Konflikt im Grünen. Beginn einer Freundschaft. Copyright © Thomas Gsella.

Wolf Haas (* 1960, Maria Alm am Steinernen Meer)
Junger Mann. Auszug aus: ders., *Junger Mann*. Copyright © 2018, Hoffmann und Campe Verlag, Hamburg.

Lukas Hartmann (* 1944, Bern)

Die Strickerei (Titel von der Herausgeberin). Auszug aus: ders., *Martha und die Ihren*. Copyright © 2024, Diogenes Verlag AG, Zürich.

Otto Jägersberg (* 1942, Hiltrup)

Als die Leute auf meiner Seite waren. Auszug aus: ders., *Keine zehn Pferde*. Copyright © 2015, Diogenes Verlag AG, Zürich.

Simone Lappert (* 1985, Aarau)

Mit krasser Ausrüstung kommt krasse Verantwortung. Erstmals erschienen in der Kolumne *Alltägliches & Aussergewöhnliches*, Schweizer Illustrierte 2020. Copyright © 2020, Simone Lappert.

Teresa Präauer (* 1979, Linz)

Der lange Fahrradausflug meines Vaters. Originalbeitrag für diese Anthologie. Abdruck mit freundlicher Genehmigung der Autorin. Copyright © 2023, Teresa Präauer.

Till Raether (* 1969, Koblenz)

Kettenreaktion. Aus: Süddeutsche Zeitung Magazin, Heft 18/2012. Copyright © 2012, Till Raether.

Joachim Ringelnatz (eigentlich Hans Gustav Bötticher, 1883, Wurzen–1934, Berlin)

Der arme Pilmartine. Aus: ders., *Die wilde Miss vom Ohio und andere ungewöhnliche Geschichten*. Copyright © 1994, Diogenes Verlag AG, Zürich.

Amalie Rother (1865, Berlin–1926, Berlin)

Das Damenfahren. Aus: Paul von Salvisberg (Hrsg.), *Der Radsport in Bild und Wort*. München, 1897.

Alex Rühle (* 1955, München)

Er frisst Kilometer, sie isst Oliven. Aus: Süddeutsche Zeitung, 15. April 2003. Copyright © 2003, Süddeutsche Zeitung GmbH, München.

Rebecca Maria Salentin (* 1979, Eschweiler)

Mit dem Rad am Eisernen Vorhang entlang (Titel von der Herausgeberin). Auszug aus: dies., *Iron Woman*. Copyright © 2023, Voland & Quist, Berlin, Dresden.

Hansjörg Schneider (* 1938, Aarau)
Heute am Brunnen (Titel von der Herausgeberin). Auszug aus: ders., *Spatzen am Brunnen*. Copyright © 2023, Diogenes Verlag AG, Zürich.

Jean-Jacques Sempé (1932, Bordeaux–2022, Draguignan)
Das Geheimnis des Fahrradhändlers. Auszug aus: ders., *Das Geheimnis des Fahrradhändlers*. Copyright © 2005, Diogenes Verlag AG, Zürich. Aus dem Französischen von Patrick Süskind.

Alan Sillitoe (1928, Nottingham–2010, London)
Das Fahrrad. Auszug aus: ders., *Die Lumpensammlerstochter*. Copyright © Alan Sillitoe Estate, used by permission of Rogers, Coleridge & White Ltd. Copyright der Übersetzung © 1981, Diogenes Verlag AG, Zürich. Aus dem Englischen von Wulf Teichmann.

Patrick Süskind (* 1949, Ambach am Starnberger See)
Die unheimliche Kunst des Radfahrens (Titel von der Herausgeberin). Auszug aus: ders., *Die Geschichte von Herrn Sommer*. Copyright © 1994, Diogenes Verlag AG, Zürich.

Uwe Timm (* 1940, Hamburg)
Kampf mit dem Hochrad (Titel von der Herausgeberin). Auszug aus: ders., *Der Mann auf dem Hochrad,* Copyright © 1984, Verlag Kiepenheuer & Witsch GmbH & Co. KG, Köln.

Karl Valentin (1882, München–1948, Planegg)
Radlerpech. Aus: ders., *Gesammelte Werke*. Erschienen 1996 im Piper Verlag, München.

Urs Widmer (1938, Basel–2014, Zürich)
Trainingsfahrt (Titel von der Herausgeberin). Auszug aus: ders., *Das Paradies des Vergessens*. Copyright © 1992, Diogenes Verlag AG, Zürich.

I love my bike
Geschichten vom Fahrrad

So mancher Autofahrer m… … …
ren ginge es um Vorrecht, … Platz oder …
geschwindigkeit. Weit gef… … … und Freiheit, kleine Glücksmome…, … Fahrtwind, …
einem um die Ohren weht, wenn man fast schwe-
relos über Straßen und Wege gleitet, und manchmal tragische oder komische Pannen – das wissen
natürlich auch Schriftstellerinnen und Schriftsteller
wie Lena Gorelik, Teresa Präauer, Urs Widmer,
Patrick Süskind und Jean-Jacques Sempé, die hier ins
Schwärmen oder Schimpfen, ins Schwitzen, außer
Atem oder in völlige Euphorie geraten.

»Wenn man niedergeschlagen ist, wenn einem die
Tage immer dunkler vorkommen, wenn die Arbeit
nur noch eintönig wird, wenn die Hoffnung kaum
noch lohnenswert erscheint, dann steigen Sie einfach
auf ein Fahrrad und fahren Sie die Straße hinab, ohne
Gedanken an irgendwas außer Ihrem wilden Ritt.«
Arthur Conan Doyle

€ 14.00 (D)
ISBN 978-3-257-24741-1